UNSER
UNFAIRER
VORTEIL

ENTFESSELE DIE MACHT
DES HEILIGEN GEISTES IN DEINER FIRMA

WÜRDIGT **UNSEREN UNFAIREN VORTEIL**

„Du kannst eine grundlegende Veränderung in deinem Arbeitsleben erwarten, wenn du die Lehren von Dr. Jim anwendest. Er lehrt dich, wie du mit dem Heiligen Geist als unfairen Vorteil teilnimmst."

— L. Heyne
Kalifornien, USA

„Du ebnest den Weg für so viele von uns in die Kraft des innewohnenden Geistes zu treten und ihre Geschäftsmission ganz auszuleben."

— S. Hearty
Emerald Isle, Irland

„Ich habe noch nie so ein hilfreiches und praktisches Buch gelesen wie der Heilige Geist. Ich kann die Wirkung des Buches bereits spüren. Ich werde das Buch auf jeden Fall weiter empfehlen. Vielen Dank für das Aufschreiben dieser so nötigen Botschaft. Danke schön!"

— A. Heal
Australien

„Deine Einblicke haben mir geholfen, meine Geschäftsergebnisse zu beschleunigen und einen größeren Einfluss auf die Menschen zu haben, die ich bediene – das erfüllt mich privat und auf beruflicher Ebene. Ich weiß es zu schätzen, dass du die Dinge einfach und dennoch tiefgründig hältst."

— M. Tsolo
Afrika

„Als Rechtsanwalt wende ich die Grundsätze in deinem Buch *Unser Unfairer Vorteil* jeden Morgen an, ehe ich zur Arbeit gehe. Ich habe dein Buch kürzlich in einem Fall vor Gericht angewandt und es geschahen Zeichen und Wunder während der Arbeit im Konferenzraum zwischen dem Gericht und dem Staatsanwalt. Jetzt empfehle ich das Buch allen Menschen auf der Arbeit."

—S. WILLIAMS
Arizona, USA

„Dieses Buch ist ein Schatz. Es ist gut geschrieben, biblisch begründet und leicht zu lesen. Die Aufgaben und die Gruppenfragen sind sehr wertvoll."

—C. LUTZ
Zürich, Schweitz

„**Unser unfairer Vorteil**" bietet eine innovative Wiederbelebung einer erbarmungslosen Wahrheit – vom Geist geleitet zu sein."

—S. SATTERFIELD
Georgia, USA

„In diesem außergewöhnlichen Buch, zeigt Dr. Jim uns, dass Gott Christen auf dem Markt mehr bietet als nur ein Regelwerk zeitloser Geschäftsprinzipien. Er hat mir geholfen, mehr Kontrolle über meine Geschäfte auf dem Markt an den Heiligen Geist, *Unser unfairer Vorteil* abzugeben."

—D. SHEARER
North Carolina, USA

UNSER
UNFAIRER
VORTEIL

ENTFESSELE DIE MACHT
DES HEILIGEN GEISTES IN DEINER FIRMA

DR. JIM HARRIS

Unser Unfairer Vorteil-
Entfessel die Macht des Heiligen Geistes in deinem Arbeitsleben.
von Dr. Jim Harris

Gedruckt in den Vereinigten Staaten von Amerika

ISBN: 978-1-962802-20-8

© 2015 & 2024 von Dr. Jim Harris

Dieses Buch wurde vom Heiligen Geist inspiriert als Mittel, Geschäftsleuten dabei zu helfen, die Stimme Gottes zu hören. Ein Werk, das mit der Welt geteilt werden sollte. Daher geben wir dir die volle Erlaubnis, Auszüge und Lehren aus dem Buch zu teilen, auf welche Weise auch immer. Wenn diese Lektionen auf gutem Boden gestreut werden, wird Jesus eine gute Ernte für sein Königreich weltweit einfahren.

High Bridge Books Titel können in Mengen für Bildungs- und Geschäftszwecken, Fundraising oder verkaufsfördernde Zwecken gekauft werden. Für weitere Informationen kontaktiere High Bridge Books via www.HighBridgeBooks.com/contact.

Alle Definitionen stammen von Merriam-Webster, Incorporated Copyright © 2015 Digital App.

Die Bibelzitate entstammen der Lutherbibel 2017 (LUT). © 2017 Deutsche Bibelgesellschaft, Stuttgart. Alle Rechte vorbehalten.

Veröffentlicht in Houston, Texas, bei High Bridge Books

Umschlaggestaltung von High Bridge Books

INHALTE

Einleitung _____ 1

1. Was Führt Dich? _____ 3
2. Die Große Veränderung _____ 17
3. Hindernisse _____ 31
4. Wie Du Dich Vorbereitest _____ 47
5. Entfessele Deinen Unfairen Vorteil _____ 75
6. Mache Weiter _____ 135

Die Antwort Auf 1001 Fragen _____ 151
Schlüsselverse _____ 153
Eine Einladung _____ 159

DANKSAGUNGEN

ZUALLERERST DANKE ICH GOTT, MEINEM ERLÖSER Jesus und dem Heiligen Geist, der mich angeleitet hat, dieses Buch zu schreiben. Mein einziger Wunsch ist, deine Worte ehrlich aufzuzeichnen und dein Stift zu sein. Möge dir das Buch gefallen.

Meine Frau und meine ewige Partnerin Brenda, die sich in eine unaufhaltbare geistliche Kämpferin verwandelt hat. Ohne dich und deine unendliche Unterstützung hätte ich die Aufgabe des Herrn nicht erfüllen können. Ich werde stolz deine Hand auf den Weg in den Himmel halten.

Ein besonderer Dank an meinen guten Freund und spirituellen Bruder Kyle Winkler, dessen besonnener Geist, sein umfassendes Wissen und seine beständigen Bezeugnisse mich für viele Jahre angeleitet, geführt und ermutigt haben.

Ein großes Lob geht an die Pastoren Arnie McCall, Buford Lipscomb und Rick und Jennifer Curry für ihre geistliche Begleitung und Führung durch schwere Prüfungen, beschleunigtes geistliches Wachstum und herrliche Begegnungen mit dem Heiligen Geist.

Danke an alle meine spirituellen Begleiter und meine mir nahe stehenden Brüder im Geiste – Ben Watts, Tony Chavez und Steve Jones.

Danke Darren Shearer von High Bridge Books für deine phänomenale Edition, die Veröffentlichung und die Werbung. Du bist wirklich der Beste!

Zum Schluss ein besonderer Dank an Pastor Keith Moore von der Faith Life Church in Branson, Missouri und Sarasota, Florida. In nur zwei Jahren haben deine Predigten und dein Wort-Leben-

UNSER UNFAIRER VORTEIL

Versorgungsdienst meinen Glauben exponentiell darüber hinaus wachsen lassen, was ich in den letzten 60 Jahren Kirche gelernt habe. Vieles in diesem Buch wurde mir durch die Anwendung der Lehren offenbart. Ich werde dir und deinem Pfarramt ewig dankbar sein.

Für alle, die Gott in ihrem Unternehmen verherrlichen wollen.

Einleitung

Wenn du in einer gemeinnützigen Firma arbeitest dessen führungsetage Gott in ihrem Geschäft verherrlichen möchte, ist das Buch genau das richtige für dich.

Das Zielpublikum für dieses Buch sind die, die ich 2%ler nenne. Ein 2%ler ist ein Heiliger Geist Gläubiger im Geschäftsleben, jeder Mann oder jede Frau, die wirklich bei allen Geschäften vom Heiligen Geist geführt werden will.

Als 2%ler hast du einen uneingeschränkten, wunderbaren und aufregenden unlauten Wettbewerbsvorteil auf dem Markt, der bis jetzt wahrscheinlich wenig genutzt wurde.

Das Ziel des Buches ist es, deinen unfairen Wettbewerbsvorteil im Geschäft zu entpacken und zu Ehren des Heiligen Geistes freizusetzen.

Musiker Keith Green sagte einmal,

> Wenn jemand eine tolle Geschichte schreibt, loben die Leute den Autor, nicht den Stift. Die Menschen sagen nicht „Oh, was für ein unglaublicher Stift … wo kann ich so einen Stift herbekommen, der so gute Geschichten schreibt? Tja. Ich bin nur ein Stift in der Hand Gottes. Er ist der Autor. Aller Lohn gebührt ihm.

Genauso wie Keith bin ich nur ein Stift.
„Was immer dieses Buch für einen Einfluss auf dein Leben hat, gib dem Herrn die ganze Ehre."

—*Dr. Jim*

1

WAS FÜHRT DICH?

Gefällt es euch aber nicht, dem HERRN zu dienen, so wählt euch heute, wem ihr dienen wollt: den Göttern, denen eure Väter gedient haben jenseits des Stroms, oder den Göttern der Amoriter, in deren Land ihr wohnt. Ich aber und mein Haus wollen dem HERRN dienen.

—Josua 24:15

WIR ALLE WERDEN VON ETWAS GEFÜHRT. EGAL, OB es für dich offensichtlich ist oder nicht, du wirst gerade – im Moment – von etwas geführt.

Etwas ist los am Bug des Schiffes, lenkt dich in eine Richtung, legt deinen Kurs fest und wird letztlich auch dein Leben beeinflussen.

Als Kind werden dich wahrscheinlich Eltern oder Beschützer ernähren, dir ein Dach über den Kopf geben und Kleidung kaufen und dir beibringen, was akzeptabel ist und was nicht. Sie schützen dich, sie nähren dich und manchmal verwöhnen sie dich auch. Sie waren diejenigen, die dich hauptsächlich in den frühen, prägenden Jahren geführt haben.

Als du in die Schule gekommen bist, hast du schnell gelernt, dass mehr Menschen daran beteiligt sind, dich zu führen. Du warst gezwungen, etwas Neues zu lernen und manchmal auch unangenehme Wahrheiten darüber zu erfahren, wie man mit anderen außerhalb der unmittelbaren Familie und Nachbarschaft umgeht.

Dieser äußerliche Einfluss wurde immer größer, bis du in die Highschool gingst und vielleicht auch aufs College. Du wurdest von vielen Stimmen geführt, die dir verschiedene Signale sendeten und auf verschiedene Weisen Druck ausübten, um dein Verhalten zu beeinflussen.

Ehe du es merkst, wirst du in die „echte Welt" geworfen, wo Dutzende von Stimmen dich gerne führen möchten ... Chefs, Verlobte, Ehepartner, Kunden, Markthändler und so viele mehr.

Der Punkt ist: Du und ich werden von etwas geführt. Und von was immer du dich führen lässt, hat einen tiefen – wenn nicht andauernden – Einfluss auf dein Leben ... einschließlich dein Geschäftsleben.

Als Eigentümer dieses Buches bist du wahrscheinlich eine Führungskraft in deiner Firma. Egal, ob du oben, in der Mitte oder gerade noch am Anfang bist, du beeinflusst andere Menschen. Daher hast du tatsächlich Führungskrafteinfluss und Potenzial.

WAS EINE FÜHRUNGSKRAFT MACHT

Als erste Ausgabe dieses Buches (17/6/15), Amazon.com gelistet....

- 4,303,934 Ergebnisse für „Geschäftsbücher"
- 178,180 Ergebnisse für „Handbücher für Führungskräfte"
- 25,511 Ergebnisse für „Geschäftsführer"
- 744 neue Ausgaben in „Die letzten 90 Tage" und 180 „kommt bald"

Ich garantiere, dass die meisten dieser Bücher – 98% oder mehr - die fünf, sieben, zehn oder sogar 21 kritischen Qualitäten,

Fähigkeiten oder Kompetenzen teilen, wie eine Führungskraft andere anleiten sollte. Sie teilen ihre Geheimnisse über die besten Praktiken und wie du genauso wie sie eine Führungskraft sein kannst.

Über die letzten 30 Jahre habe ich Tausende Bücher und Artikel über Führungskräfte gelesen. Wenn ich meine Bücherregale nach dem besten Buch durch sehe und mir den Inhalt und die Schlüsselpunkte ansehe, dann klingen und sehen so viele gleich aus. Die meisten sind mit genau denselben Gedanken und Konzepten gefüllt und sind einfach nur mit anderen Worten ausgedrückt.

Sollte ich noch die Anzahl der täglichen Blogs, Tweets und Posts erwähnen, die eine gute Führungskraft ausmacht? Ich glaube, das habe ich gerade getan.

Wir werden einfach überschwemmt damit, was andere sagen, denken oder behaupten, um die Führungskraft zu sein, die alle heute brauchen.

Diese oftmals interessanten und gelegentlich tiefgründigen Arbeiten fokussieren sich auf eine kritische Frage: Was genau macht eine Führungskraft?

Das ist genau die falsche Frage. Was eine Führungskraft macht (Verhalten, Kommunikationsstil, Entscheidungsfähigkeit usw.), ist nicht das entscheidende Merkmal, das du kennen musst. Es gibt eine tiefgründigere und notwendigere Frage, die niemand stellt.

DIE RICHTIGE FRAGE

Wenn ich mir die verfügbaren Schriften und Lehren der Führungskräfte so ansehe, dann finde ich nichts, was die richtige Frage stellt.

Die Antwort auf die richtige Frage bestimmt unvermeidlich das Schicksal, nicht nur das der Führungskraft, sondern auch das Schicksal von allen anderen, die geführt werden.

Die richtige Frage: Was leitet die Führungskraft?

Also lasst uns persönlich werden. Hast du schon mal ....

- darüber nachgedacht, was dich zu der Führungskraft macht, die du bist?
- dich zurückgezogen, um zu prüfen, worauf du dich bei deiner Leitung verlassen sollst?
- lange genug innegehalten, um zu reflektieren, was dich wirklich zu einer Geschäftsperson macht?

Was dich am Ende in deiner Führungsrolle leitet, zeigt sich in deiner Leitung und in deiner Rolle in deiner Firma.

Was dich leitet, ist der wesentliche Kern deiner Fähigkeit zu arbeiten, Erfolg zu haben und ein Erbe zu hinterlassen.

Trotz des Risikos der Sensationsgier oder unnötig Alarm zu schlagen, musst du dich fragen und entscheiden: Was führt dich am Ende? Dann und nur dann kannst du die richtige Entscheidung treffen, ob du auf dieses Weg weitergehst oder eine potenziell aufregendere und tiefgründigere Basis für deine Leitung schaffst.

Ehe ich dich bitte, einen potenziellen radikalen und lebensverändernden Führungskraftzug zu machen, schauen wir uns die häufigsten Arten der Unternehmunsführungen an.

1.1. Neun häufige Arten der Unternehmungsführung

Es könnte so einfach sein 100 oder mehr Arten der Unternehmungsführung aufzulisten, aber typischerweise fallen sie unter die folgenden Kategorien.

Hier ist das, was ich die „Was führt dich" Liste nenne. Sie besteht aus den wichtigsten Anführertypen, die ich in mehr als 30 Geschäftsjahren erlebt habe.

Achtung: Während ich dieses Buch schrieb, bat ich meine Blogleser Ausdrücke zu kommentieren, die sie von Führungskräften gehört haben und die jeder Kategorie entsprechen. Ich habe ein paar Kommentare einge-

fügt. Jeder Kommentator wird eine kostenlose Kopie dieses Buches erhalten. Seht ihr, es zahlt sich aus, sich für meinen Newsletter anzumelden und Partner bei mir auf www. DrJimHarris.com zu werden.

1: Kopforientiert

Kopforientierte Führungskräfte nutzen ihren Verstand, um alles zu analysieren. Sie suchen mehr Wissen, Information, Berichte und Analysen. Sie verlassen sich auf die Logik und auf die Tabelle, um endgültige Entscheidung zu treffen. Kopforienterte Führungskräfte verlassen sich oftmals auf ihre Fähigkeit des Analysierens und kritisches Denken, das ist ihr wichtigster Stil.

Kopforienterte Führungskräfte sagen Dinge wie …

- „Das ist eine tolle Idee. So machen wir das."
- „Lasst uns einen weiteren Bericht erstellen."
- „Zahlen lügen nicht. Was sagen die Zahlen?"
- „Warum habe ich nicht daran gedacht?"
- „Ich mag, wie du denkst."
- „Zeig mir die Zahlen. Wir treffen Entscheidungen durch Wissen nicht durch Raten (Curt Fowler, Blog Kommentator)

2: Geld geleitet

Geld geleitete Führungskräfte fokussieren sich auf den Geldbetrag, entweder auf Gewinn oder Verlust. Weltweite Finanzmärkte sind ausschließlich geldorientiert. Geld zu verdienen ist eine absolute Notwendigkeit in einem gewinnorientierten Unternehmen. Geld geleitete Führungskräfte lassen zu, dass Cashflow, Gewinn und Gewinnspannen die wichtigsten Faktoren bei fast allen unternehmerischen Entscheidungen sind.

Geld geleitete Geschäftsführer sagen Dinge wie …

- „Wir machen genug Geld damit."
- „Ich liebe diese Profit Margen."
- „Wie können wir Kosten senken?"
- „Es geht mir nicht um die Gewinnqualität. Zahlen sind Zahlen und ich will meine machen." (Sidney Bostian, Blog Kommentator)

3: Innovationsorientiert

Innovationsorientierte Geschäftsführer suchen ständig nach den neuesten Technologien sowie digitalen oder kreativen Plattformen, um das Unternehmen zu erweitern. Sie sind verliebt oder sogar aufgedreht wegen eines neuen Upgrades, einer neuen App, Software, Webseite oder einem einzigartigen Konzept sowie neuen Werbestrategien. Verbesserungen sind für nachhaltige Unternehmen zwar notwendig, doch innovationsorientierte Geschäftsführer lassen sich oft von allem Neuartigen anziehen.

Innovationsorientierte Firmenleiter sagen folgendes...

- „Was würde Elon Musk machen?"
- „Wir müssen jetzt updaten oder wir werden den Marktanteil, die Kundentreue und noch mehr verlieren!"
- „Manchmal müssen wir unsere Kunden dahin führen, wo sie hinsollen."
- „Innovatiere oder sterbe!"
- „Das wird so cool!"
- „Wie wäre es damit, das ist neu und aufregend?" (Jason Pyne, Blog Kommentator)

4: Gelegenheitsorientiert

Gelegenheitsorientierte Führungskräfte springen oftmals auf jede Gelegenheit an, die sie vor sich sehen. Sie konzentrieren sich auf den nächsten großen Durchbruch, strategische Allianzen oder unerwartete Geschäftsmöglichkeiten, die ihre Firma auf ein höheres Level bringen können.

Gelegenheitsorientierte Geschäftsführer sagen Dinge wie ...

- „Wir springen besser auf den Zug auf, solange es noch geht."
- „Auf keinen Fall können wir uns diese Möglichkeit entgehen lassen."
- „Wow! Da ist eine Möglichkeit. Los geht's!"
- „Diese Möglichkeit liegt zwar etwas außerhalb der Vision unseres Unternehmens, doch ich bin überzeugt, dass sich der Aufwand lohnen wird." (Curt Fowler, Blog Kommentator)
- „Je mehr wir gegen die Wand werfen, umso mehr wird hängen bleiben." (Sharon Kendrew, Blog Kommentator)
- „Ich weiß, wenn ich es mache ... dann wird es passieren!" (Jesus Estrada, Blog Kommentator)

5: Preisorientiert

Preisorientierte Führungskräfte stehen den #2 Geld geleitete Führungskräfte mit einer kleinen Ausnahme sehr nah. Preisorientierte Führungskräfte konzentrieren sich weniger darauf, wie viel Geld sie verdienen können. Stattdessen achten sie darauf, möglichst wenig Geld auszugeben und suchen stets nach dem günstigsten Preis.

Preisorientierte Führungskräfte sagen Dinge wie ...

- „Du musst dich wirklich fokussieren."
- „Das ist die beste Option, weil sie am günstigsten ist." (Darren Shearer, Blog Kommentar)
- „Hey, jeder Verkauf ist ein guter Verkauf." Aric Johnson, Blog Kommentator)
- „Alles ist verhandelbar." (Howard Drake, Blog Kommentator)
- „Wir wollen es gut und günstig!" (Angeline Teoh, Blog Kommentatorin)

6: Expertenorientiert

Eine Expertenorientierte Führungskraft lässt sich leicht von dem neuesten Management oder Führungsmodus leiten und sucht immer nach dem neuen, tollen Konzept von einem Sprecher, Autor oder Ratgeber. Expertenorientierte Führungskräfte setzen das „neue" Geschäftskonzept schnell um, ohne sich die Zeit zu nehmen, sich zu überlegen wie – oder sogar ob – es von ihrer Firma benutzt werden sollte.

Ja, auch das tut mir ein wenig weh, weil ich spreche, schreibe mit und coache Geschäftsmänner weltweit. Trotzdem will ich NICHT das meine Geschäftspartner sich an „Experten orientieren", nicht einmal an mir!

Expertenorientierte Führungskräfte sagen Dinge wie …

- „In einem Geschäftsmagazin steht ein Artikel, der sagt, das wir …."
- „Hier ist eine tolle Idee, aus einer Geschäftskonferenz ….Das sollten wir machen!"
- „Unsere Konkurrenz liest das neue Buch. Hier ist eine Kopie. Wir wollen mit ihnen auf dem gleichen Stand bleiben."

- . „Die ganze Branche macht das."
- „Lasst uns den besten Experten in der Branche finden und ihn oder sie herholen."
- „Laut (Name des Geschäftsexperten einfügen) sollten wir das nicht auch tun?" (Jason Pyne, Blog Kommentator)

7: Druck geleitet

Druck geleitete Führungskräfte behaupten, bei Notfällen oder Krisensituationen besser zu arbeiten. Auch wenn die Arbeit gut läuft, wollen sie unnötige Krisenzustände herbeiführen, um mehr Druck auf alle auszuüben, damit sie mehr und noch intensiver arbeiten. Druck geleitete Führungskräfte üben unbeabsichtigt unnötigen und irrelevanten Druck auf andere aus.

Druckorientierte Führungskräfte sagen Dinge wie ….

- „Wir müssen das JETZT machen! Keine Ausreden!"
- „Zeit ist Geld und wir können keine weitere Zeit verschwenden."
- „Scheitern ist keine Option"
- „Es ist mir egal, wie wir das machen, aber wir müssen es jetzt machen!" (Jason Pyne, Blog Kommentator)
- „Gebt Gas!" (Robins Duncan, Blog Kommentator)
- „Wir müssen hart arbeiten, um das fertigzubekommen. Schlafen können wir, wenn wir fertig sind." (Aric Johnson, Blog Kommentator)

8: Gefühlsgeleitet

Führungskräfte, die sich von ihren Gefühlen leiten lassen, prüfen ihre Emotionen, bevor sie handeln. Führungskräfte, die von ihren Gefühlen geleitet werden, sind oft stark bewegt und fühlen sich häufig von Angst, Anspannung, Aufregung, Bequemlichkeit oder Sicherheit im Geschäft überwältigt. Gefühlsorientierte Führungskräfte sind nicht schwach. Manchmal lassen sie zu, dass ihre Gefühle und Emotionen ihr geschäftliches Fachwissen und ihre Weisheit überdecken.

Gefühlsorientierte Anführer sagen oftmals Dinge wie ….

- „Ich habe Angst davor."
- „Mein Herz ist nicht dabei."
- „Das wird wehtun."
- „Wow, ich war noch nie aufgeregter wegen etwas."
- „Das macht mich wirklich glücklich!"
- „Es ist besser sicher zu sein, als es zu bereuen." (Robin Duncan, Blog Kommentator)

9: Preisorientiert

Preisorientierte Führungskräfte sehen sich selbst und ihre Firmen als besonders, anders und einzigartig an. Sie nehmen sich selbst und alles, was sie tun, sehr ernst. Preisgesteuerte Führungskräfte sind oftmals sehr arrogant und selbstgerecht, sie weigern sich vor jedem oder einer Gruppe klein bei zu geben – selbst wenn sie im Unrecht sind.

Preisorientierte Führungskräfte sagen Dinge wie …

- „Wir haben das nicht. Wir sind anders."
- „Das können sie probieren. Wir müssen das nicht."

- „Wir wissen, was in der Branche passiert. Ihr bleibt im Büro und arbeitet weiter."
- „Wir machen das auf unsere Art."
- „Entweder so oder gar nicht." (Howard Drake, Blog Kommentator)

Ehrlichkeits Check

Während du das hier liest, fällt dir sicher jemand ein, der auf einen oder mehreren dieser Typen zutrifft. Die wichtigere Frage ist jedoch „Wo siehst du dich selbst?"

Hier ist unsere erste Aufgabe im Buch. Mache ein Kreuz bei den Kästchen, die beschreiben könnten, was dich steuert.

- ☐ Kopforientiert
- ☐ Geldorientiert
- ☐ Innovationsorientiert
- ☐ Chancenorientiert
- ☐ Preisorientiert
- ☐ Expertenorientiert
- ☐ Druckorientiert
- ☐ Gefühlsorientiert
- ☐ Preisorientiert

1.2. Die beängstigende Wahrheit

Zu einem bestimmten Zeitpunkt haben uns ein oder mehrere Dinge auf der „Was führt dich" Liste geleitet. Ehrlich gesagt sind die meisten von uns oftmals eine Kombination aus verschiedenen Dingen.

Jetzt überlege dir mal Folgendes.

Jedes dieser neun „Was führt dich" Kategorien entspricht genau der Art und Weise, wie 95% oder mehr aller gewinnorientierten Unternehmen weltweit geführt werden.

Lies das nicht so schnell. Nimm dir einen weiteren Moment Zeit und denke über diese Aussage nach.

Diese neun Kategorien sind einfache Beispiele dafür, wie die meisten Geschäfte weltweit geführt werden – selbst die, dessen Führungskräfte behaupten, Christen in der Wirtschaft zu sein.

Mit einem Wort die heutigen Geschäftsführer werden von dem „Was" geleitet. Für sie geht es vor allem um den Gedanken, das Geld, die Chancen, Innovationen, Preise, Expertenideen usw. Diese Kategorien sind die, auf denen die Geschäftsmänner ihre Entscheidungen treffen, ihr Geschäft aufbauen und letztendlich ihre Ziele erreichen.

Leider ist die Mehrheit von uns als 2%ler (die vom Heiligen Geist geführten im Geschäft) nicht anders!

Wir werden wahrscheinlich von denselben Dingen gesteuert wie unsere weltlich nicht gläubigen Mitstreiter. Warum?

Die Geschäftspraktiken sind so vorherrschend, beherrschend und bedeutend, dass es schon fast unmöglich ist, nicht von ihnen gelenkt zu werden.

Wir haben gleichermaßen Zugang zu denselben Geschäftsideen, Büchern, Analysen und Marktinformationen, die von dem Weltsystem kontrolliert werden, genauso wie die von unserer Konkurrenz. Daher sind wir genauso verletzlich wie sie und erliegen den überwältigenden Verführungen, unsere Firmen auf die gleiche Weise zu führen.

Jetzt kommt die beängstigende Realität.

Wenn du dich von den Gepflogenheiten der Geschäftswelt leiten lässt, hast du keinen Wettbewerbsvorteil deinen Konkurrenten gegenüber!

Wenn du dich nur auf die neun Wege verlässt, die wir oben aufgelistet haben, dann verpasst du die eine Sache, die einen unfairen Vorteil im Geschäft auslösen kann.

Ich kann dich schon fragen hören, „Also Dr. Jim .... du sagst, ich soll nicht meinen Kopf benutzen oder nach Möglichkeiten schauen oder über die finanziellen Aspekte meiner Arbeit nachdenken? Ist es das, was du sagst?"

WAS FÜHRT DICH?

Nein, nein, nein, nein! Und noch mals nein!

Gott hat dir ein Gehirn und einen gesunden Verstand gegeben. Er gab dir das, damit du vernünftig denkst und planst und wachsen kannst. Er gab dir Gefühle, damit du deine Sensibilität für andere entwickeln kannst. Er erwartet, dass du diese nutzt.

Ich fordere dich kühn heraus, eine große Veränderung zu machen, eine Veränderung in Richtung vollem Loslassen deines unfairen wettbewerbsfähigen Vorteils im Geschäft.

Warum ist diese Veränderung „unfair?" Warum ist es ein eindeutiger Wettbewerbsvorteil?

Weil es nur auf einer einzigen Sache basiert: Du wirst vom Was geleitet ...

> Habt nicht lieb die Welt noch was in der Welt ist. Wenn jemand die Welt lieb hat, in dem ist nicht die Liebe des Vaters. Denn alles, was in der Welt ist, des Fleisches Lust und der Augen Lust und hoffärtiges Leben, ist nicht vom Vater, sondern von der Welt. (1 Johannes 2:15-16)

...zur Führung durch das Wer!

> Denn welche der Geist Gottes treibt, die sind Gottes Kinder. (Röm. 8:14)

Kapitel 1 Studienführer

Was sind die Top 3 häufigste Wege, auf denen du in deiner Firma geleitet wirst?

1.

2.

3.

Hast du je darüber nachgedacht, dass dich vom Heiligen Geist im Geschäft führen zu lassen ein „unfairer Konkurrenzvorteil" ist? Warum sollte das so ein großer Vorteil für dich und dein Unternehmen sein?

Bete für deine Liste und bitte Gott dir dabei zu helfen, wenn du beginnst, dich von etwas anderem als dem Heiligen Geist leiten zu lassen.

2

DIE GROßE VERÄNDERUNG

Und ich will den Vater bitten und er wird euch einen andern Tröster geben, dass er bei euch sei in Ewigkeit: den Geist der Wahrheit, den die Welt nicht empfangen kann, denn sie sieht ihn nicht und kennt ihn nicht. Ihr kennt ihn, denn er bleibt bei euch und wird in euch sein.

—Johannes 14:16–17

UM EIN 2%LER ZU WERDEN (VOM HEILIGEN GEIST geleitete gläubige im geschäftsleben), musst du eine große Veränderung vornehmen.

Es ist eine große Veränderung – eine RIESIGE Veränderung – sich nicht mehr von dem Was der Geschäftswelt leiten zu lassen, sondern vom Heiligen Geist geleitet zu werden.

Ich weiß, das es so ist. Ich musste dieselbe große Veränderung durchmachen. Es war eine riesige Veränderung für mich, mich von dieser kopforientierten, geldorientierten, innovationsorientierten, chancenorientierten, preisorientierten, druckorientierten, gefühlsorientierten und stolzorientierten Person in eine ganz und gar spirituell gelenkten Person zu verwandeln.

Es ist eine Veränderung, welche die Welt (nicht gläubige Geschäftsführer) nicht versteht, nicht weil sie nicht in der Lage dazu ist, sondern weil sie einfach nicht an Jesus glaubt. Sie können den potenziellen unlauteren Wettbewerbsvorteil nicht erhalten, weil der Geist Gottes nicht in ihnen wohnt. Wenn du mit dem entscheidenen Wandel beginnst, ist es wichtig, die beiden wichtigsten Wege zu überprüfen, auf denen Gott dich führt.

> Er aber antwortete und sprach: Es steht geschrieben: »Der Mensch lebt nicht vom Brot allein, sondern von einem jeden Wort, das aus dem Mund Gottes geht.« (Matth. 4:4)

> Wer auf das Wort merkt, der findet Glück; und wohl dem, der sich auf den HERRN verlässt! (Sprüche 16:20)

Der erste Weg, auf den Gott dich führt, geschieht durch seine Worte. Sein perfektes, unverfehlbares Wort lehrt, inspiriert, verurteilt, ermutigt, korrigiert und so viel mehr.
Alles beginnt mit dem Wort Gottes.

> Denn welche der Geist Gottes treibt, die sind Gottes Kinder.... Der Geist selbst gibt Zeugnis unserm Geist, dass wir Gottes Kinder sind. (Rom 8:14,16)

Der zweite wichtige Weg, den Gott dir aufzeigt, ist durch seinen Heiligen Geist. Dieser Absatz sollte gründlich betrachtet werden und zwar weit über die Dauer und den Zweck dieses Buches hinaus.
Es ist dennoch wichtig, einen schnellen Blick auf die Kernsätze innerhalb Römer 8:16 zu werfen. „Der Geist selbst *zeugt mit unserem* Geist ..." Wir werden im Laufe des Buches stets auf diesen Satz zurückkommen. Und deswegen ist er beim *großen Wandel* so wichtig.
Wenn du Jesus akzeptierst und erneut geboren wirst, dann wird dein toter Geist wiedergeboren. Jetzt lebt dein wiederge-

borener Geist und der Heilige Geist von Gott in dir. Dein Geist legt also mit dem Heiligen Geist in dir Zeugnis ab.

„Zeugt mit" bedeutet wortwörtlich, wir haben einen Mit-Zeugen, der in uns lebt, die Gegenwart Gottes, die wir jederzeit und überall rufen, aufsuchen, erfragen und von der wir uns jederzeit leiten lassen können.

Vielleicht einigen wir uns auf einen kritischen, wichtigen Faktor? Der ist ... wenn du den Heiligen Geist empfängst. Er ist viel mehr als nur die „kostenlose Austritt aus der Hölle" Karte. Traurigerweise denken Millionen von Gläubigen - von denen viele heute in der Wirtschaft tätig sind -, dass alles, was Gott für uns will, darin besteht, uns vor der Hölle zu retten.

Selbst mit Hunderten von wunderbaren Listen, Artikeln und Bibelstudien, die es in den Kirchen, Bücherläden und auch im Internet gibt, in denen man viele Arten entdecken kann, auf denen der Heilige Geist lehrt, führt, spricht, schützt und der in uns arbeitet, lernen nur wenige Gläubige, dass der Heilige Geist ihre Fahrkarte in den Himmel ist.

Noch weniger von uns sind gelehrt, geschult oder ermutigt worden, wie wir uns in unseren Unternehmen und in unserem Berufsleben stärker vom Geist leiten lassen können.

Dennoch ist der Geist bereit, willig und in der Lage, dein Mit-Zeuge in allen Facetten des beruflichen Lebens zu sein.

2.1. IST ES MÖGLICH?

Dem macht der Türhüter auf, und die Schafe hören seine Stimme; und er ruft seine Schafe mit Namen und führt sie hinaus. Wenn er alle seine Schafe hinausgelassen hat, geht er vor ihnen her, und die Schafe folgen ihm nach; denn sie kennen seine Stimme.

—Johannes 10:3-4

UNSER UNFAIRER VORTEIL

Globale Wirtschaft. Fordernde Kunden. Unerbittlicher Druck mehr zu tun, mehr zu machen und die Kosten zu senken.

Ist es möglich für dich, vom Heiligen Geist in der heutigen globalen Geschäftswelt geführt zu werden?

Die Antwort ist ein lautstarkes JA!

Es ist mehr als möglich, es liegt innerhalb deiner Reichweite.

Die ganze Bibel ist voll mit Darstellungen von Männern und Frauen, die vom Heiligen Geist geführt werden. Der Geist spricht und führt ...

- Abraham dazu, die Dinge in Gang zu bringen,
- Moses aus dem Dornbusch damit er sich darauf vorbereiten konnte, die Menschen aus Ägypten herauszuführen
- Josua dazu, das versprochene Land zu besiegen,
- Nehemiah dazu, die Mauer von Jerusalem in Rekordzeit zu bauen,
- Esther dazu, sich mutig dem König zu nähern und dabei ihr Leben zu riskieren,
- Ruth dazu, sich an die Göttin Naomi zu hängen und ihre Familie zu verlassen,
- David dazu, Goliath zu verteidigen und großer König von Israel zu werden,
- Solomon dazu, die Israeliten mit Klugheit zu führen,
- Elijah dazu, den falschen Propheten von Baal zu verteidigen,
- Elisha dazu, mutig eine doppelte Portion von Elija Geist anzufordern,
- Jonah dazu, das Wort zu verbreiten und ein feindliches Land zu erlösen,

DIE GROßE VERÄNDERUNG

- Josef und Maria dazu, zu heiraten und zur Geburt des Sohnes, der aus der Ehe entstanden ist,
- Simeon und Anna dazu, zu genau der Zeit im Tempel zu sein als Josef Jesus präsentierte,
- Lukas dazu, Gospel zu schreiben, die seinen Namen trägt,
- Peter dazu, die erste aufgezeichnete Predigt im Neuen Testament zu predigen und so 3,000 Seelen zu retten,
- Ananias dazu, zu Saul zu gehen, dem Feind der Heiligen in Jerusalem,
- zu Paul, praktisch bei allem, was er tat,
- John dazu die Enthüllung zu schreiben
- … und noch so vieles mehr!

Das sind nur ein paar der Hunderte von biblischen Beispielen von Männern und Frauen, die vom Heiligen Geist Gottes geführt werden.

Selbst der Sohn Gottes sagte,

> Der Sohn kann nichts von sich aus tun, sondern nur, was er den Vater tun sieht; denn was dieser tut, das tut in gleicher Weise auch der Sohn. (Johannes 5:19)

Ehrlich gesagt als 2%ler bist du nicht anders. Du hast genau denselben Geist in dir wohnen.

Ist es möglich, vom Heiligen Geist im Geschäft geleitet zu werden?

Oh ja. Es braucht nur einen Senfkorn des Glaubens (Matth. 17:20), um den großen Wandel zu vollziehen!

2.2. Warum Der Wechsel Zum Wer?

Hier zählen wir sechs gute Gründe auf, um weiterzumachen und die große Veränderung durchzuführen.

1: Der Heilige Geist kennt Gottes Gedanken.

> *Sondern wir reden, wie geschrieben steht: »Was kein Auge gesehen hat und kein Ohr gehört hat und in keines Menschen Herz gekommen ist, was Gott bereitet hat denen, die ihn lieben.« Uns aber hat es Gott offenbart durch den Geist; denn der Geist erforscht alle Dinge, auch die Tiefen Gottes. Denn welcher Mensch weiß, was im Menschen ist, als allein der Geist des Menschen, der in ihm ist? So weiß auch niemand, was in Gott ist, als allein der Geist Gottes.*
>
> —1 Korinther 2:9–11

Viele von uns denken, es ist wunderbar, eine Konferenz zu besuchen und von einem weltbekannten CEO oder von Geschäftsprofis zu hören. Es kann eine tolle Erfahrung sein, unter der Anleitung einer erfolgreichen Führungskraft zu stehen, während du ihr Wissen und ihre Erfahrung aufnimmst. Es ist grundsätzlich nicht falsch jedem Geschäftsexperten zuzuhören. Mein Rat an dich ist, immer alles durch die Gottesworte und die Zeugen des Heiligen Geistes zu filtern, und zu hören was sie sagen und die, die in dir wohnen (mehr dazu später).

Anstatt menschlichen Expertenrat zu suchen, der dir für eine Lösung, für jegliche Geschäftssituation, Hindernisse, Herausforderungen, Möglichkeiten oder Entscheidungen, denen du gegenüberstehst beisteht, wie viel besser wäre es, den Geist Gottes in dir zu entdecken?

Wow! Diese beiden Optionen sind einfach nicht zu vergleichen.

Mögen wir immer zuerst die Weisheit Gottes suchen, er möchte, dass ich mein Unternehmen über die Ideen anderer Menschen stelle - jederzeit!

2: Der Heilige Geist gibt uns Gottes Weisheit für unsere Geschäfte.

> *Wir aber haben nicht empfangen den Geist der Welt, sondern den Geist aus Gott, damit wir wissen, was uns von Gott geschenkt ist.*
>
> —1 Korinther 2:12

Gott hat dem Heiligen Geist bereits all seine Weisheit und seine Pläne für dich und dein Unternehmen offenbart sogar die Dinge, die du in deinem Kopf nicht verstehen kannst. Der Heilige Geist kann sie dir offenbaren, wenn er will und wenn du darum bittest.

Und der Rat des Heiligen Geists ist völlig umsonst. Sein Rat lebt bereits in dir und ist Zeuge für deinen Geist. Du musst nur fragen. (Mehr davon später in diesem Buch).

3: Der Heilige Geist kennt die ganze Wahrheit.

> *Wenn aber jener kommt, der Geist der Wahrheit, wird er euch in aller Wahrheit leiten. Denn er wird nicht aus sich selber reden; sondern was er hören wird, das wird er reden...*
>
> —Johannes 16:13

Als 2%ler hast du in deinem Inneren bereits den stärksten Berater des Universums wohnen, den du je kennen wirst. Du kannst dich von seiner Wahrheit für deine Firma, deinen Angestellten und Kollegen, deinen Verkäufern und Lieferanten, deinen Kunden und

Gemeindemitgliedern leiten lassen – das gilt für jeden der mit deiner Firma in Berührung kommt.

Der Heilige Geist lügt nie, führt nie in die Irre, unterschätzt nie und verpasst nie etwas, was du wissen müsstest. Dich von dem Heiligen Geist führen zu lassen wird dich befreien (Johannes 8:32) und du wirst alles bekommen, was Gott sich für deine Firma wünscht.

4: Der Heilige Geist kennt die Zukunft deiner Firma.

> *... und was zukünftig ist, wird er euch verkündigen.*
>
> —Johannes 16:13

Was hat Johannes gerade gesagt? Der Heilige Geist wird mir sagen „was passieren wird?"

Stell dir vor, du hast einen Berater, der dir den ganzen Tag zur Verfügung steht, jeden Tag weiß er bereits alles, was mit deiner Firma passieren wird, heute, morgen und für immer.

Wow!

Das heißt nicht, dass der Heilige Geist dir texten oder mailen wird, was du alles jeden Morgen wissen oder tun musst. Er wird dich in seinem perfekten Timing anleiten und dich Schritt für Schritt auf den Weg führen, den du nehmen musst, um deine Zwecke für dein Geschäft zu erfüllen.

Manchmal machen Gottes Anweisungen durch den Heiligen Geist keinen logischen Sinn, z. B.:

- Opfer deinen Sohn auf dem Berg. (Gen. 22:9)
- Am siebten Tag sollt ihr *siebenmal* um die Stadt herumziehen und die Priester sollen die Hörner blasen. (Josua. 6:3-4)

- Sieben Mal in den schlammigen Fluss tauchen, um sich von Lepra zu befreien (2 Könige. 5:10)
- Reibe Spucke und Schlamm auf deine Augen, um wieder sehen zu können. (Mark 8:23)

In manchen Fällen macht das, was der Heilige Geist sagt, keinen Sinn. Dennoch diejenigen, die gewillt sind, dem Geist zu folgen, triumphieren immer, gewinnen immer und sind immer gesegnet.

5: Der Heilige Geist führt dich in den Reichtum.

Gesegnet wird sein die Frucht deines Leibes, der Ertrag deines Ackers und die Jungtiere deines Viehs, deiner Rinder und deiner Schafe. Gesegnet wird sein dein Korb und dein Backtrog. Gesegnet wirst du sein bei deinem Eingang und gesegnet bei deinem Ausgang.

—Deuteronomium 28:4–6

Und der HERR wird machen, dass du Überfluss an Gutem haben wirst, an Frucht deines Leibes, an Jungtieren deines Viehs, an Ertrag deines Ackers, in dem Lande, das der HERR deinen Vätern geschworen hat, dir zu geben. Und der HERR wird dir seinen guten Schatz auftun, den Himmel, dass er deinem Land Regen gebe zur rechten Zeit und dass er segne alle Werke deiner Hände. Und du wirst vielen Völkern leihen, aber von niemand borgen.

—Deuteronomium 28:11–12

Gott ist ein Gott der Fülle, der Vermehrung ... nicht der Knappheit oder des Rückgangs. Sein Wunsch ist es, seine Kinder zu segnen.

Der Heilige Geist wird dich nur auf den besten Weg führen, zu den besten Angestellten, den besten Kunden und zu den besten Möglichkeiten. Er wird dich von finanziellem Verlust, schlechten Angeboten und falschen Partnerschaften oder Verbündeten fernhalten.

Der Heilige Geist wird dich nie auf den falschen Weg leiten, wo du oder deine Firma ruiniert werden könnten (außer er rettet dich vor etwas Schlimmeren, dass du nicht siehst!).

Von dem Heiligen Geist im Geschäft geleitet zu werden ist der beste Weg, in seinem Wohlstand zu leben.

6: Der Heilige Geist ist dein #1 Berater, Ratgeber und Coach.

Verlass dich auf den HERRN von ganzem Herzen, und verlass dich nicht auf deinen Verstand, sondern gedenke an ihn in allen deinen Wegen, so wird er dich recht führen.

—Sprüche 3:5–6

Wenn du dich entscheidest, diese Verwandlung durchzuführen (und ich spüre, dass du bereits entschlossen bist), wird der Heilige Geist dir sagen, wenn du

- gehen
- bleiben
- aufhören
- erschaffen
- investieren
- justizieren
- vermeiden
- verschieben,
- warten,
- erweitern,

- weiter machen,
- vorbereiten,
- anstellen,
- entlassen,
- kaufen,
- verkaufen,
- laufen sollst!

Der Heilige Geist ist und sollte immer dein #1 Geschäftsratgeber, Berater und Coach sein.

2.3. Dein Echter Feind

Ein Dieb kommt nur, um zu stehlen, zu schlachten und umzubringen. Ich bin gekommen, damit sie das Leben haben und volle Genüge.

—Johannes 10:10

Deine wirklichen Feinde auf der Arbeit sind nicht deine Konkurrenz, Lieferanten, Banken oder deine Angestellten.

Dein echter Feind sind nicht die Marktbedingungen, der weltweite Wettbewerb oder ein Mangel an Bargeldfluss.

Dein echter Feind ist Satan!

Er ist derjenige, der alles tun wird, um dich zu vernichten, abzulenken und davon abzuhalten, dich von der Stimme Gottes durch seine direkte Verbindung zu dir– dem Heiligen Geist – leiten zu lassen.

Satan möchte unbedingt, dass du von der Welt geleitet wirst, von dem, was er kontrolliert (Eph. 2:2).

Gott möchte, dass du von seinem Geist geleitet wirst, was er kontrolliert (Rom. 8:14-16)

> Denn wir haben nicht mit Fleisch und Blut zu kämpfen, sondern mit Mächtigen und Gewaltigen, mit den Herren der Welt, die über diese Finsternis herrschen, mit den bösen Geistern unter dem Himmel. (Eph. 6:12)

Es ist Zeit sich auf den echten Kampf zu konzentrieren, der dir im Geschäft begegnet.

Es ist derselbe Kampf, den du auch zu Hause führst: Der Kampf gegen richtig und falsch von Gutem und Böse.

Es ist Zeit, den Feind daran zu erinnern, dass er bereits verloren hat, dass er vor 2,000 Jahren am Kreuz geschlagen wurde.

Es ist Zeit, ihm zu sagen, dass er dich nicht in deinem Geschäft beeinflusst oder kontrolliert, du wirst jetzt vom Heiligen Geist geleitet.

Es ist Zeit, ihm zu sagen, dass er im Namen von Jesus fliehen muss. (Jakobus 4:7)!

2.4. Deine Beste Geschäftsentscheidung Überhaupt

> *Und stellt euch nicht dieser Welt gleich, sondern ändert euch durch Erneuerung eures Sinnes, auf dass ihr prüfen könnt, was Gottes Wille ist, nämlich das Gute und Wohlgefällige und Vollkommene.*
>
> —Römer 12:2

Die beste Geschäftsentscheidung, die du je treffen wirst, ist es, eine vom Heiligen Geist gelenkte Führungskraft zu werden.

Keine andere Geschäftsentscheidung, die du treffen wirst, wird ...

- deinen Geist auf ein höheres Level bringen und beleben
- eine größere Herausforderung, bei der Umsetzung und Integration in dein tägliches Leben darstellen
- eine größere spirituelle Macht in deiner Organisation auslösen
- mehr missverstanden, sogar verspottet werden, von Familie, Freunden, Angestellten und Kunden
- größere irdische und ewige Belohnungen einpacken
- vom Feind und seiner Armee härter bekämpft werden

Im Vergleich zu anderen Entscheidungen, die du treffen wirst, steht diese über alle anderen.

Es hat sogar Auswirkungen auf das, was Jesus zu deiner Verteidigung vor dem Vater am Tag des Gerichts bezeugen wird.

Die Frage ist „Wirst du eine vom Geist gelenkte Führungskraft oder weiterhin eine von der Welt gesteuerte Führungskraft sein?"

Ich weiß, du hast das bereits entschieden. Mein Geist spürt, dass du bereit bist, die *große Verwandlung* durchzuführen.

Aber ehe du das tust, musst du dich auf die unweigerlichen Hindernisse vorbereiten, die vor dir liegen.

Kapitel 2 Studienführer

Glaubst du, dass es möglich ist, ganz vom Heiligen Geist in deiner Firma in deinem Land geführt zu werden? Warum oder warum nicht?

Was ist für dich die größte Herausforderung für die Veränderung ganz vom Heiligen Geist im Geschäft geleitet zu werden?

Auf welche Arten siehst du Satan sich auf deine Geschäfte auswirken?

Mache eine Liste, wie die Führung durch den Heiligen Geist die Versuche Satans, dein Unternehmen zu töten, zu stehlen und zu zerstören, überwinden kann.

3

HINDERNISSE

Wir sind von allen Seiten bedrängt, aber wir ängstigen uns nicht. Uns ist bange, aber wir verzagen nicht. Wir leiden Verfolgung, aber wir werden nicht verlassen. Wir werden unterdrückt, aber wir kommen nicht um.

—2 Korinther 4:8–9

PAULUS KANNTE DIE SCHWIERIGKEITEN, DENEN ER wegen des predigen vom Evangelium entgegensehen würde. Doch sie hielten ihn nicht davon ab, seiner Berufung durch den Herrn nachzukommen

Will ich damit sagen, dass du mit Schlägen, Gefängnis, Schiffbruch und vielem mehr rechnen musst, wenn du diesen großen Wandel vollziehst? Nein, aber es könnte passieren. Viele von euch die diese weltweite Ausgabe lesen, leben in Ländern, wo Christen in allen Aspekten des Lebens streng verfolgt werden. Es gibt Zeiten, in denen wir auf dem Weg zu einem vom Geist geführten Unternehmen auf große Hindernisse stoßen.

Als der Herr mich rief, meine gewinnorientierte Sprech –und Beraterfirma zu verlassen und eine glaubensbasierte Firma zu gründen, glaube mir, da gab es sogar hier in Amerika einige Herausforderungen.

Viele professionelle Sprecherbüros, die mich seit Jahren beauftragten, ließen mich wie einen Leberkranken fallen, nachdem sie erfuhren, dass ich als Christ Geschäfte machte.

Potenzielle Kunden verließen mich aus Angst, dass ich kommen und versuchen könnte, sie zu missionieren oder ihre Angestellten in Christen zu verwandeln.

Mein neuer Zielmarkt waren andere 2%ler wie du, die kannten mich nicht als Gläubigen mit einer neuen frischen Botschaft im Geschäft.

Bis zu dem Punkt waren all meine Stichworte, Bücher, Ausbildungsmaterial, Blogs und alles andere, was ich über die letzten 20 Jahre erstellt habe weltlich basiert (ohne Glaubenskomponente), auch wenn ich gelegentlich einen Hinweis auf das Wort eingeworfen hatte, wann immer es mir geeignet schien.

Ich musste noch mal von vorne anfangen als 57-jähriger Berater mit einer Heimtätigkeit.

Ein Teil meines Zeugnis ist, dass auch wenn ich seine Existenz für die nächsten paar Jahre ausgeklammert habe, Gott mir alles geboten hat, was wir brauchten. Wir haben nie eine Kreditzahlung ausgelassen, keine Mahlzeit, keine Schulgebühr für unseren Sohn oder alles, was wir sonst so brauchen. (Phil. 4:19)

Ja, auch ich musste nachdem ich die große Verwandlung vollzogen habe, noch viele neue Hindernisse überwinden. So wie du auch.

Hier sind einige der wichtigsten Hindernisse, denen ich mich stellen musste, von denen du dich wahrscheinlich auch vielen stellen musstest oder dich bereits gestellt hast.

Aber sei ermutigt. Am Ende des Kapitels werde ich einen Punkt teilen, den ich gelernt habe, der mir geholfen hat meine Hindernisse zu überwinden und eine vom Geist geleitete Führungskraft im Geschäft zu werden.

HINDERNISSE

3.1. Es Ist Nicht Natürlich

Der natürliche Mensch aber nimmt nicht an, was vom Geist Gottes ist; es ist ihm eine Torheit und er kann es nicht erkennen; denn es muss geistlich beurteilt werden. Der geistliche Mensch aber beurteilt alles und wird doch selber von niemandem beurteilt. Denn »wer hat des Herrn Sinn erkannt, oder wer will ihn unterweisen«? Wir aber haben Christi Sinn.

—1 Korinther 2:14–16

Du und ich, wir haben wahrscheinlich gelernt, auf eine bestimmte Art und Weise Geschäfte zu tätigen; auf die natürlichste Art der Welt – nicht die des Reiches Gottes.

Wir wurden wahrscheinlich gelehrt oder überwacht von Männern oder Frauen, wie die Geschäftswege der Welt funktionieren ...

- Entscheidungen treffen (Kopforientiert)
- Aufwärts- und Abwärtsrisiken bewerten (chancenorientiert)
- Erhöhter Gewinn und tiefere Kosten (Geldorientiert)
- Förderung der neuesten produktivitätssteigernden Systeme und Software (innovationsorientiert)
- Integrieren der neusten Geschäftsideen (Expertenorientiert)
- Schnelle Entscheidungen treffen (druckorientiert)

Nach Jahren, ja sogar Jahrzehnten der weltwirtschaftlichen Gehirnwäsche ist es nicht selbstverständlich, einen Schritt zurückzutreten und den Heiligen Geist zu bitten, uns den besten Weg zu zeigen.

Selbst eine positive Veränderung (wie die große Veränderung) fühlt sich zuerst unnatürlich für uns an, weil es etwas ist, was wir noch nie zuvor gemacht haben.

Das ist okay. Sobald du anfängst und den Erfolg und sogar die übernatürlichen Kräfte siehst, dann wird sich vom Geiste leiten zu lassen, deine natürliche Arbeitsweise sein.

3.2. Es Ist Nicht Offensichtlich

Marta aber machte sich viel zu schaffen, ihnen zu dienen. Und sie trat hinzu und sprach: Herr, fragst du nicht danach, dass mich meine Schwester lässt allein dienen? Sage ihr doch, dass sie mir helfen soll!

—Lukas 10:40

Lasst uns Marthas Blickpunkt für eine Minute betrachten.

Es war offensichtlich für Martha, das ein Gefühl der Dringlichkeit nötig war, um die Mahlzeiten für alle Gäste fertig zu bekommen. Eine große Menge. Jesus lehrte. Die Menschen bekamen Hunger.

Es muss viel Essen bereit stehen für alle, wenn er mit dem Lehren fertig ist oder? Warum können die anderen nicht das Offensichtliche sehen? Besonders meine faule, schlechte Schwester Maria, die von Anfang an hätte helfen sollen, aber die da draußen ist und herumsitzt und ihre Zeit verschwendet, weil sie Jesus zuhört, obwohl es Arbeit zu tun gibt. Sie hätte es besser wissen müssen!

Martha ging sogar so weit und unterbrach Jesus Lehren und bat Jesus Maria zu sagen, sie solle in die Küche gehen und helfen.

Stellt euch vor, ihr wärt so dreist, die Lehren von Jesus zu unterbrechen, um Maria nach vorne zu rufen und dann Jesus zu befehlen (weil er offensichtlich mit mir übereinstimmen wird) Maria zu sagen, was sie tun soll.... Aufstehen und mit dem Essen helfen!

HINDERNISSE

Es ist so offensichtlich ... oder?

Es ist leicht, von etwas geleitet zu werden, das eher offensichtlich scheint, anstatt sich selbst zu erlauben, vom Heiligen Geist zu etwas geführt zu werden, das nicht ganz so offensichtlich ist.

Es scheint offensichtlich für uns so Geschäfte zu machen, wie es der Rest der Welt macht...

- Verzögerung der Zahlung an einen Lieferanten, um deinem aktuellen Cashflow zu helfen
- den Angestellten feuern, der immer zu spät kommt
- in das Dorf oder die Stadt expandieren, die so viel Potenzial hat
- den Vertrag eines langjährigen Lieferanten stoppen für einen neuen Lieferanten mit einem niedrigeren Preis
- Kürzung oder Streichung des Ausbildungsbudgets bei Haushaltskürzungen

Sich vom Heiligen Geist im Geschäft führen zu lassen ist nicht immer das Offensichtliche. Du musst lernen, durch den Geist den nicht so offensichtlichen Weg des Reich Gottes wahrzunehmen.

Mehr dazu später.

3.3. ES IST NICHT BELIEBT

Da traten die Jünger hinzu und sprachen zu ihm: Weißt du auch, dass die Pharisäer an dem Wort Anstoß nahmen, als sie es hörten?

—Matthäus 15:12

Sie schrien aber laut und hielten sich ihre Ohren zu und stürmten einmütig auf ihn ein, stießen ihn zur Stadt hinaus und steinigten ihn. Und die Zeugen legten ihre Kleider ab zu den Füßen eines jungen Mannes, der hieß Saulus,

—Apostelgeschichte 7:57–58

Als aber die Juden von Thessalonich erfuhren, dass auch in Beröa das Wort Gottes von Paulus verkündigt wurde, kamen sie auch dorthin und erregten Unruhe und verwirrten das Volk.

—Apostelgeschichte 17:13

Dieser eher dramatische Vers zeigt ganz deutlich die Wahrheit. Nicht jeder wird deine Offenbarung im Geschäft vom Heiligen Geist geleitet zu werden mit offenen Armen und „Hallelujah" Rufen empfangen.

Viele, wenn nicht die meisten, werden sich schwer tun, deine Offenbarung über deinen neuen unfairen Vorteil zu verstehen.

Manche werden dich sogar verachten oder verabscheuen. Ja, vom Heiligen Geist im Unternehmen geleitet zu werden, kann so unbeliebt sein, dass es üblich ist die Standardbeschimpfungen zu hören. „Du glaubst, du hörst vom Gott!"

Aber ist das nicht genau der Punkt?

Die Bibel ist eine lange und mächtige Geschichte von Menschen die Gott erhörten: Adam, Abraham, Moses, Josef, Samuel, David, Solomon, Jeremias, Jesaja, Elisa, alle Apostel und ganz besonders Jesus selbst.

Es mag nicht so beliebt sein, unseren unfairen Vorteil im Geschäftsleben zu nutzen, aber du befindest dich in bester Gesellschaft, selbst wenn manche Zweifler oder Spötter dir auf dem Weg begegnen.

3.4. Du Bist Nicht Sicher, Ob Dein Glaube Stark Genug Ist

Jesus aber sprach zu ihm: Du sagst: Wenn du kannst! Alle Dinge sind möglich dem, der da glaubt. Sogleich schrie der Vater des Kindes: Ich glaube; hilf meinem Unglauben!

—Mark 9:23–24

Wachet und betet, dass ihr nicht in Anfechtung fallt! Der Geist ist willig; aber das Fleisch ist schwach.

—Matthäus 26:41

Ich aber habe für dich gebeten, dass dein Glaube nicht aufhöre. Und wenn du dann umkehrst, so stärke deine Brüder.

—Lukas 22:32

Dieses Hindernis kann das Herausforderndste sein.

Manchmal kannst du die Tiefe deines Glaubens in Frage stellen und dich selbst fragen, ob du stark genug bist, um das auszuhalten. Sie verglei-Chen sich vielleicht selbst mit den spirituellen Riesen aus der Bibel – von Kaleb zu Paulus – und sofort glaubst du, du kommst zu kurz, dass dein Glaube nicht stark genug ist, um zu überleben.

Das ist auch eine der ersten Hindernisse, die der Feind dir am liebsten entgegenwirft. Satan hatte sogar die Dreistigkeit, diese Anschuldigung Jesus an den Kopf zu werfen (s. Matthias 4:3, 5, 8)

Was braucht es, um genug Glauben zu haben?

Der Herr aber sprach: Wenn ihr Glauben hättet wie ein Senfkorn, würdet ihr zu diesem Maulbeerbaum sagen: Reiß dich aus und verpflanze dich ins Meer!, und er würde euch gehorsam sein. (Lukas 17,6)

Dein Glauben hat dich durch Erlösung in eine ewige Beziehung mit Jesus gebracht, einem Versprechen mit ihm für immer im Himmel zu leben.

Dein Glauben ist daher auf jeden Fall stark genug (selbst als Senfkorn), um eine geistesgeführte Führungskraft zu sein.

3.5. Angst Davor Es Falsch Zu Verstehen

Da dachte Petrus an das Wort, das Jesus gesagt hatte: Ehe der Hahn kräht, wirst du mich dreimal verleugnen. Und er ging hinaus und weinte bitterlich.

—Matthäus 26:75

Bist du menschlich? Ich auch. Das bedeutet, dass wir zuweilen hinter der Herrlichkeit Gottes zurückgeblieben sind. (Rom. 3:23)

Wenn du diese neue Reise beginnst, wirst du wahrscheinlich ein paar Fehler auf dem Weg machen. Aber selbst wenn du Fehler machst, denke daran, sie werden dir verziehen.

> Wenn wir aber unsre Sünden bekennen, so ist er treu und gerecht, dass er uns die Sünden vergibt und reinigt uns von aller Ungerechtigkeit. (1 Johannes 1:9)

Während du dich im Geschäftsleben vom Heiligen Geist leiten lässt, liegst du vielleicht manchmal daneben, aber mache weiter.

Und während du weitermachst, wirst du weniger und weniger Fehler machen, während seine Macht in dir wächst und wächst.

Der Grund, warum wir es weiterhin falsch machen, ist der, weil wir den falschen spirituellen Kanälen zuhören!

Wenn du lernst, seine Stimme klarer zu hören, wirst du selten verpassen, was er dir sagt, über dein Wachstum und für das Wachstum deiner Firma.

Lasse dich von der Angst manchmal etwas Falsches zu tun, nicht davon abhalten, deinen Weg leidenschaftlich zu verfolgen, und dich vom Heiligen Geist leiten zu lassen.

3.6. Du Beginnst Stark, Aber Schwächst Dann Ab

Und er sprach: Komm her! Und Petrus stieg aus dem Boot und ging auf dem Wasser und kam auf Jesus zu. Als er aber den starken Wind sah, erschrak er und begann zu sinken und schrie: Herr, rette mich! Jesus aber streckte sogleich die Hand aus und ergriff ihn und sprach zu ihm: Du Kleingläubiger, warum hast du gezweifelt? Und sie stiegen in das Boot und der Wind legte sich.

—Matthäus 14:29–32

Zwei Menschen liefen laut der Bibel auf dem Wasser: Jesus und Petrus. Petrus begann stark. Er trat selbstbewusst aus dem Boot, sah zu Jesus und hörte Jesus zu. Er nahm seine Umgebung nicht wahr, nicht das tobende Wasser, den Wind und die Wellen.

Petrus begann stark und wurde dann langsamer, nachdem er seine Augen von Jesus abwandte.

Es ist einfach ein neues, aufregendes Geschäftsabenteuer zu beginnen. Besonders aufregend ist es als 2%ler ein neues, aufregendes Geschäftsabenteuer mit dem Herrn zu beginnen.

Aber sobald du dich ganz der vom Heiligen Geist geleiteten Führungskraft hingibst, gibt es kein zurück mehr. Warum? Sobald du dich Jesus verpflichtest, erwartet er, das du ihm folgst.

Eine vom Heiligen Geist geführte Führungskraft zu sein fordert deine ganze Hingabe, um bis zum Ende im Rennen zu bleiben. Genauso wie Paulus sagte,

> Aber ich achte mein Leben nicht der Rede wert, wenn ich nur meinen Lauf vollende und das Amt ausrichte, das ich von dem Herrn Jesus empfangen habe, zu bezeugen das Evangelium von der Gnade Gottes. (Apostelgeschichte 20:24)

Eine meiner Helden des Glaubens ist Kaleb. Seine Geschichte begeistert mich jedes Mal, wenn ich sie lese und analysiere.

Er war 40 Jahre alt, als er und Josua versuchten, die Israeliten davon zu überzeugen, das versprochene Land (Num. 14:7) zu betreten und zu übernehmen. Nur er und Josua überlebten die 40 Jahre in der Wüste, weil Kaleb einen andersdenkenden Geist hatte (Num. 14:24)

Mit 80 Jahren half er Josua, die Armee der Israeliten in das versprochene Land zu führen und Königreich nach Königreich zu erobern. Dann, nach dem sie 45 Jahre gewartet hatten, dass Gott Josua anleitete, die Länder zu teilen, bot er Kaleb jedes Land an, das er sich wünschte.

Kalebs Antwort ist ein glänzendes Beispiel stark zu starten und nicht nachzulassen:

> Und nun siehe, der HERR hat mich am Leben gelassen, wie er mir zugesagt hat. Es sind nun fünfundvierzig Jahre her, dass der HERR dies zu Mose sagte, als Israel in der Wüste umherzog. Und nun siehe, ich bin heute fünfundachtzig Jahre alt und bin noch heute so stark, wie ich war an dem Tage, da mich Mose aussandte. Wie meine Kraft

damals war, so ist sie noch jetzt, zu kämpfen und aus- und einzuziehen. So gib mir nun dies Gebirge, von dem der HERR geredet hat an jenem Tage; denn du hast's gehört am selben Tage, dass dort die Anakiter wohnen und große und feste Städte sind. Vielleicht wird der HERR mit mir sein, dass ich sie vertreibe, wie der HERR zugesagt hat. (Josua 14:10 - 12)

Mit 85 Jahren wollte Kaleb dasselbe Land mit den Riesen bewohnen, vor den die anderen zehn Spione Angst haben (die haben die 40 Jahre der Wüstenwanderung verursacht).
Caleb ist die Art von Mann, die ich gerne im Geschäft und im Leben sein will.
Das ist das Model, das ich gerne nachahmen möchte!
Caleb ist ein phänomenales Beispiel dafür, wie man stark in den Tag startet, stark bleibt und nicht nachlässt.

Mein Geschäftsrennen ist lange nicht vorbei. Wie du habe ich, als ich erstmalig die Entscheidung traf, mich vom Geist leiten zu lassen, stark begonnen. Der Druck, Unsicherheiten, verpasste Geschäftsmöglichkeiten und sogar mein Fleisch versuchten meine Gedanken mit Zweifeln, Unsicherheiten und Entmutigungen zu füllen.

Aber ich will nicht wie Petrus sein und wegschauen. Ich habe meine Augen auf Jesus gelegt und höre seinem Geist zu.

Ich habe mich entschieden, mein Rennen wie Paulus zu beenden.

Ich entschied mich stark zu beginnen, stark zu sein und nicht nachzulassen, so wie Caleb!

Mein Gebet ist, das du auch stärker wirst in deinem vom Geist geführten Geschäftsrennen.

3.7. Du Weißt Nicht Wie Du Es Machst

Steh auf und geh in die Stadt; da wird man dir sagen, was du tun sollst.

—Apostelgeschichte 9:6

Paulus wusste nicht, wie er seinen neuen unfairen Vorteil in seinem Dienst nutzen soll. Er musste lernen, wie man es nutzt.

Als ich meine Reise zum vom Geist gelenkten Geschäftsmann begann, wusste ich nicht, was ich tun sollte. Genauso wie Paulus musste ich lernen, was ich tun kann und wie ich es tun kann.

Ich würde nie behaupten, all die Antworten zu kennen, wie man sich im Geschäftsleben ganz vom Geist leiten lässt.

Aber ich kann dir aus meiner Erfahrung sagen, was ich bis jetzt gelernt habe.

Deswegen liest oder hörst du dieses Buch.

Der Heilige Geist hat mir befohlen, dieses Buch zu schreiben, um dir zu zeigen, was er mir gezeigt hat. Ich habe gerade gelernt, wie ich von ihm geführt werden kann.

Er sagte mir, „Das ist GENAU, warum ich möchte, dass du dieses Buch schreibst – um meinen Leuten zu lehren, was ich dir gelehrt habe, dass ihr euch von mir im Geschäft leiten lassen sollt."

Du hast bereits einiges gelesen oder gehört, was ich gelernt habe.

Also weiter geht's!

3.8. Der Schlüssel, zur Überwindung der Hindernisse

Hindernis (n): etwas, was den Progress aufhält oder die Erfüllung eines Ziels verhindert (n):

HINDERNISSE

Obwohl es wichtig ist das Potenzial der Hindernisse zu erkennen, die sich dir in den Weg stellen, während du die Veränderung von einer weltgeführten zu eine vom Heiligen Gest geführten Führungskraft machst, ist es wichtig zu wissen, wie man sie überwindet.

Der Feind stellt oft Hindernisse, um den Heiligen Geist in deinem Geist freizusetzen. Er wird alles in seiner Macht stehende tun, um kleine, große und sogar überwältigende Hindernisse auf dem Weg aufzustellen. Er wird dich weiterhin an die sieben Hindernisse erinnern, die wir besprochen haben und vielleicht ein paar weitere für seine hinterhältige Lust.

Sei darauf gefasst.

Denke daran, seine Hindernisse sind oft nur übergangsweise (außer du erlaubst ihnen permanent zu werden) und unnötige Ablenkungen (dein Weg ist immer noch gut begehbar).

Er wird alles tun, was er kann, um dich wieder zurück in sein Spiel zu ziehen und Geschäfte nach seinen Regeln zu machen.

Ein wichtiger Punkt, den ich gelernt habe, um diese Hindernisse zu überwinden, ist diese starken Verse zu verinnerlichen.

> Und stellt euch nicht dieser Welt gleich, sondern ändert euch durch Erneuerung eures Sinnes, auf dass ihr prüfen könnt, was Gottes Wille ist, nämlich das Gute und Wohlgefällige und Vollkommene. (Röm. 12:2)

Dann wiederhole ich es in meinen eigenen Worten ... so in etwa:

> Ich passe mich nicht den geschäftlichen Gepflogenheiten dieser Welt an, sondern werde durch die Erneuerung meines Geistes durch den Heiligen Geist umgewandelt, um das zu führen und zu leben, was der gute und annehmbare und vollkommene Wille Gottes in meinem Geschäft ist.

Der Schlüssel? Erneure deine Gedanken!

Der Kampf beginnt in deinem Kopf. Es beginnt damit, ob du gewillt bist oder nicht, dich in alles zu verwandeln, was Gott möchte, das du in der Firma bist, durch die Macht des Heiligen Geistes.

Der Kampf endet, wenn du lernst, wie du den Heiligen Geist in deiner Firma entfesselst.

Nächster Schritt: Lass uns dich ganz vorbereiten, die Macht des Heiligen Geistes in deinem Geschäft zu entfesseln.

Kapitel 3 Studienführer

Welche drei sind von den sieben Hindernissen die größten Herausforderungen, die es zu überwinden gilt?

1.

2.

3.

Was ist dein Plan/welche Handlungen musst du durchführen, um diese Herausforderungen zu überwinden?

Was bedeutet Roman 12:2 für dich in deiner Herausforderung, diese Hindernisse zu überwinden?

4

WIE DU DICH VORBEREITEST

Richte erst draußen deine Arbeit aus und bearbeite deinen Acker; danach gründe dein Haus.
—*Sprüche 24:27*

SICH VORZUBEREITEN BEDEUTET ...

- sich für etwas bereit machen, was du tun wirst, etwas was du erwartest, das es passiert

- sich im Voraus für einen bestimmten Zweck, eine bestimmte Verwendung oder eine bestimmte Tätigkeit vorzubereiten

- sich in einen angemessenen Geisteszustand zu versetzen

- im Voraus zu planen

- bereit zu sein

Ich mache Sport seit ich sechs bin. Vom Baseball bis zum Basketball über Golf, habe ich schnell erkannt, dass es viel mehr braucht, um ein guter Spieler zu sein als nur für die Spiele aufzutauchen. Ich musste Zeit, Energie und Mühe investieren, um mich geeignet vorzubereiten, wenn ich Hoffnung haben wollte, ins Team zu kommen oder bei einem Spiel mitzuspielen.

Als ich begann, Golf zu spielen, erinnerte ich mich wieder an die anfängliche Aufregung, als mein Vater mir meine ersten Schläger kaufte, einen Driver, ein Eisen fünf, ein Eisen neun und einen Putter. Ich dachte, ich sei jetzt wie mein erster Sportsheld, Sam Snead! Aber ich hatte keine Ahnung, wie ich mich vorbereiten sollte, um meine erste Runde zu spielen.

Mein Vater hat mir sanft und ganz genau erklärt, wie man den Schläger hält, wie man richtig ausholt, zielt und sich konzentriert und wie man dann weiter macht. Als ehemaliger halb professioneller Baseballspieler wusste er, wie kritisch es war, sich richtig vorzubereiten und machte einen meisterhaften Job meine Liebe für das Spiel zu entfachen. (Heute spiele ich ein Handicap 11, also ich stehe jederzeit für eine Einladung zur Verfügung)

Als ich älter wurde, erkannte ich noch mehr, wie wichtig es ist, sich fokussiert und intensiv darauf vorzubereiten, im Sport und im Leben zu glänzen.

Für dich ist es nicht anders, wenn du in Richtung Lösen der Macht des Heiligen Geistes in deinem Geschäft gehst.

Du musst dich gut vorbereiten.

Du musst deine Zeit und deine Energie investieren, um deinen Geist und deinen Verstand bereit für den nächsten Schritt auf dieser Reise zu machen.

Hier sind die fünf Bereiche, in denen du dich vobereiten musst, um die Macht des Heiligen Geistes in deinem Geschäft zu entfesseln.

4.1. Es Ist Mehr Als Nur Ein Gebet

Als sie aber bis nach Mysien gekommen waren, versuchten sie, nach Bithynien zu reisen; doch der Geist Jesu ließ es ihnen nicht zu.

—Apostelgeschichte 16:7

Schockiert dich der Titel dieses Abschnitts ein wenig? Wie könnte etwas mehr sein als das Gebet? Ist ein Gebet nicht das Wichtigste, was wir als Gläubige tun?

Bitte versteht, dass ich NICHT die Macht des Gebetes heruntersetzen will, auf keinen Fall. Alles was mit der Leitung des Geistes im Geschäft zu tun hat, beginnt mit einem Gebet. Das Gebet ist nicht und darf nie als zweitrangige spirituelle Geschäftsstrategie betrachtet werden.

Verstehe auch, dass sich ganz vom Heiligen Geist in der Firma leiten zu lassen, mehr als nur ein Gebet ist. Warum?

In zu vielen Fällen sogar mit ganz engagierten 2%lern, ist das Gebet eine voreingestellte Eine voreingestellte Terminaktivität ... einfach ein weiterer Punkt auf der Tagesliste der Aktivitäten. Gebete für deine Firma werden mit „Okay, es ist 6:45 Uhr, Zeit ein paar Minuten zu beten", abgehakt.

Ähnliche Gebete für deine Geschäfte werden oft zu „Oh nein, ich habe es vergessen, ich muss noch schnell ein paar Gebete sprechen, ehe ich zur Arbeit gehe."

Noch schlimmer, Gebete werden eine verzweifelte Last Minute „Gott, bitte rette unser Geschäft" Strategie.

Ja, ich hebe meine Hand in Eingeständnis, all diese drei Dinge zu tun. Wie ist es mit dir?

Selbst du und dein Team investieren bedeutend Zeit, Energie und Glauben in eine auf Gebete konzentrierte Zeit (und das solltet ihr), das Gebet allein reicht nicht aus, um die ganze Kraft unseres unlauteren Wettbewerbsvorteils am Arbeitsplatz zu entfalten..

Um sich darauf vorzubereiten, deinen unfairen Wettbewerbsvorteil zu entfesseln, braucht es mehr als nur Gebet - es geht um totales geistiges Bewusstsein!

Seie geistlich achtsam

Der Heilige Geist arbeitet immer in und um dir herum in sowohl unterschwelliger als auch offenkundiger Art und Weise. Immer.

Es gibt zwei erste Level von geistlichem Bewusstsein, während du dich darauf vorbereitest, deinen unfairen wettbewerbsfähigen Firmenvorteil zu entfesseln.

Level 1: Persönliches geistliches Bewusstsein

Geistiges Bewusstsein beginnt mit einer bewussten Prüfung, wie sich der Heilige Geist in dir bewegt. Du kannst mit deiner persönlichen Bewusstheit beginnen, indem du Fragen beantwortest wie...

- Was wird der Heilige Geist mir heute sagen?
- An wen soll ich mich laut dem Heiligen Geist heute wenden?
- Was spüre ich, was der Heilige Geist mir für die Zukunft aufträgt?

Nimm dir JETZT 15 Minuten Zeit und schreibe deine Antworten auf diese Frage nieder. Meditiere darüber an einem ruhigen Ort. Warum jetzt? Das ist der erste Schritt in deiner Vorbereitung .... Zur Feinabstimmung deines persönlichen geistlichen Bewusstseins, zu hören, was dir der Heilige Geist jetzt sagen will.

Drucke dir diese Seite aus und schreibe deine Erkenntnisse auf.

Was sagt mir der Heilige Geist heute?

An wen soll ich mich laut dem Heiligen Geist heute wenden?

Wohin habe ich das Gefühl, wird mich der Heilige Geist in der Zukunft schicken?

Stell dir selbst täglich diese drei Fragen. Während du das tust, wirst du schnell mutwilliger in deinem persönlichen spirituellen Bewusstsein.

Level 2: Geschäftliches geistliches Bewusstsein

Wenn du dein persönliches geistliche Bewusstsein entwickelst und verfeinerst, kannst du dich auf dein geschäftliches geistliches Bewusstsein konzentrieren.

Hier ist ein persönliches Beispiel. Vor ein paar Jahren wurde ich zu einem Treffen mit einem 2%ler Geschäftsmann eingeladen, der eine ganze Etage eines großen Bürogebäudes gemietet hatte und seinen extra Platz an andere christliche Geschäfte vermietete. Während meines ersten Besuchs in seinem Büro spürte ich einen allgegenwärtigen teuflischen Geist. Ich fragte ihn, wer der frühere Vermieter dieser Bürogebäude war. Er sagte, es wäre ein großes Büro für Planned Parenthood gewesen, eine Organisation in Amerika, die öffentlich die Abtreibung von Babys bewirbt. Wir begannen schnell zu beten, salbten das Büro und beseitigten die teuflischen Geister in diesen Räumen.

Ich habe Jahre gebraucht für Level 1: persönliche geistliche Achtsamkeit Praktiken ehe ich es lernte, wie ich das auf Level 2 anwandte: geschäftliche geistliche Achtsamkeit.

So kannst du die Lernkurve verkürzen, indem du dich ganz darauf vorbereitest, vom Heiligen Geist geleitet zu werden.

Hier haben wir wieder ein paar Fragen, die mir geholfen haben mehr darauf zu achten, wie der Heilige Geist sich in und durch mein Unternehmen bewegt. Ich bitte dich dir JETZT 15 Minuten

UNSER UNFAIRER VORTEIL

Zeit zu nehmen und deine Erkenntisse über diese absichtlich geschäftlichen geistliche Fragen aufzuschreiben.

Wo fühle ich den Heiligen Geist in meinem Unternehmen?

Wie bewegt sich der Heilige Geist in dieser aktuellen Situation?

Wen führt der Heilige Geist in und um mein Unternehmen?

Kollegen – Manager, Betreuer, Frontpersonal und Zeitarbeiter – lokal, national, global

Kunden – Verkäufer, Lieferanten, Vorstand, Nicht-Kunden-Fans

Gemeinde – geografische Regionen, die wir bedienen

In welchen kommenden Aktivitäten, Projekten, Kommunikationen oder geschäftlichen Handlungen musst du mehr vom Geist geführt werden?

Der Lohn

Mit der Zeit wirst du dich immer bewusster auf die Suche nach gutem Personal und geschäftlicher spiritueller Achtsamkeit für dich und dein Geschäft machen. Da du gerade das Buch liest, arbeitet Gott bereits in dir, damit du dich noch mehr mit ihm verbindest.

Oftmals weine ich wirklich nach meinen bewussten Gebetszeiten vor Freude, weil er diejenigen um mich herum mit seiner Pracht beeinflusst und es mir ermöglicht, Teil seines Plans zu sein.

Meine persönliche und meine geschäftlich geistliche Meditationen beleben meine Hingabe zum Königreich neu und beeinflussen das mehr als alles andere, was ich tue.

Dadurch weiß ich, dass ich weiß, dass mich nichts aufhalten kann!

Siehst du, es ist mehr als ein Gebet. Viel mehr!

Wenn du das Gebet mit absichtlichem persönlichen und geschäftlichen spirituellen Bewusstsein kombinierst, hast du den ersten Schritt dazu gemacht, dich darauf vorzubereiten, deinen unlauten Wettbewerbsvorteil zu entfesseln.

4.2. Es Ist Mehr Als Eine Stimme

Und er kam vom Geist geführt in den Tempel. Und als die Eltern das Kind Jesus in den Tempel brachten, um mit ihm zu tun, wie es Brauch ist nach dem Gesetz, ...

—Lukas 2:27

Und nun siehe, durch den Geist gebunden, fahre ich nach Jerusalem und weiß nicht, was mir dort begegnen wird ...

—Apostelgeschichte 20:22

Die meisten von uns würden es LIEBEN, wenn die Stimme Gottes hörbar zu uns durch einen brennenden Busch (Exodus 3:1), eine riesen Wolke (Matt. 17:5) oder sogar durch einen Esel (Num. 22:28) spricht.

Es gibt ein paar Beispiele in der Bibel, in der die Menschen die Stimme Gottes durch ihre eigenen Ohren hören. Aber das war eher die Ausnahme als die Regel. Und das stimmt bis heute.

Kann der Heilige Geist mit einer hörbaren Stimme sprechen? Absolut. Macht er es oft? Nicht in meinem Fall, das ist sicher. Warum nicht?

Weil er in mir lebt! Er muss keine physischen Geräusche machen, um zu mir durchzudringen, wenn sein Geist bereits in mir lebt.

Seine Stimme zu hören ist mehr als auf ein körperliches Geräusch zu warten – es ist das Lernen, wie wir besser mit seinem Geist, der bereits in uns lebt, in Berührung kommen.

Gott spricht mit dir

Obwohl du vielleicht glaubst, dass Gott in der Lage ist, mit dir zu reden, erwischt du dich vielleicht dabei, wie du sagst „Ich höre ihn einfach nicht. Ich glaube nicht, dass er mit mir *spricht.*"

Jetzt ein paar kostenlose Ratschläge: SAGE DAS NIE WIEDER! NIE WIEDER!

Vertrau mir, wenn ich sage, dass der Herr wirklich mit dir spricht.

Wenn Gott allgegenwärtig ist, heißt das, dass er immer und überall ist.

Wenn Gott allwissend ist, weiß er alles, was passiert ist und was passieren wird.

Wenn sein Geist in dir lebt und er immer bei dir ist, dann bist du umgeben von seiner Präsenz.

Nehmen wir an dein Partner, Sohn oder Tochter ist immer bei dir, steht dir bei allem bei, was du gerade machst, in jeder Sitzung, der du mitmachst und bei jeder Reise, die du buchst. Würdest du wissen, das sie da sind? Natürlich würdest du das. Du kannst ihre Anwesenheit fühlen, selbst wenn sie nicht mit dir reden.

Auf ähnliche Weise spricht Gott mit dir durch seine Anwesenheit, was ich gerne das „innere Wissen" nenne.

Das innere Wissen

Ein inneres Wissen ist eine innerliche Intuition, die weit über das mentale, emotionale oder körperliche Gefühl hinausgeht. Es ist ein geistlicher Drang oder ein Verlangen.

Du weißt einfach, dass es Gott ist, selbst ohne etwas zu hören.

Du weißt einfach, dass du es weißt.

Hast du je zu dir selbst oder zu jemand anderem gesagt „Ich *wusste,* ich hätte das nicht tun sollen" oder „Ich *wusste,* ich hätte es tun sollen?", oder vielleicht „Ich *wusste,* das war eine schlechte Entscheidung, aber ich habe es trotzdem gemacht?"

Woher weißt du das? Wer war es, der dir gesagt hast, was du tun sollst oder was nicht?

Als ein 2%ler ist es wahrscheinlich, dass dein inneres Wissen von dem Heiligen Geist kam, der in dir lebt. Es ist dieselbe leise, ruhige und unhörbare Stimme die wir suchen (1 König 19:12)

Ich dränge dich dazu, nicht nach hörbaren Stimmen, zu suchen oder Büsche zu verbrennen, um den Geist zu hören. Es geht darum, deine spirituellen Ohren auf das Hören zu trainieren.

Deinen unlauten Wettbewerbsvorteil zu entfesseln ist weit aus mehr als eine Stimme zu hören.

4.3: Sei Mit Ganzem Herzen Dabei

Nur meinen Knecht Kaleb, weil ein anderer Geist in ihm ist und er mir treu nachgefolgt ist, den will ich in das Land bringen, in das er gekommen ist, und seine Nachkommen sollen es einnehmen.

—4. Mose 14:24

Das Wort „*mit ganzem Herzen*" bedeutet

- keine Zweifel oder Unsicherheit bei etwas zeigen, jemandem unterstützen usw.
- sich ganz und gar hingeben, entschlossen sein oder enthusiastisch sein
- von vollständigem, ernsthaften Engagement gekennzeichnet sein
- frei von Scheu oder Bedenken sein

Kaleb ist einer meiner Lieblingshelden in der Bibel. Er und Josua wurden zu zwei der 12 Spione, um nach dem versprochenen Land zu suchen und Moses zu berichten. Die anderen 10 hatten

Angst, die so weit ging, dass sie Josua und Caleb töten wollten, weil sie Moses ermutigten, den Jordan zu überqueren und das Land zu einzunehmen.

Josua und Caleb glaubten den Versprechungen des Herrn und dienten ihm vom ganzen Herzen bereit auf Befehl des Herrn in die Offensive zu gehen.

Deine Reise, um die Macht des Heiligen Geistes durch dich in deinem Geschäft zu entfesseln, ist nichts für Warmduscher! Wenn du dich darauf einlässt, musst du mit deinem ganzen Herzen weiter machen, dich nicht zurückhalten und weitermachen, wenn der Geist dich führt.

Keine Entschlossenheit

> *Siehe, ich lege dir heute das Leben und das Gute vor, den Tod und das Böse. Dies ist's, was ich dir heute gebiete: dass du den HERRN, deinen Gott, liebst und wandelst in seinen Wegen und seine Gebote, Gesetze und Rechte hältst, so wirst du leben und dich mehren, und der HERR, dein Gott, wird dich segnen in dem Lande, in das du ziehst, es einzunehmen. … Ich nehme Himmel und Erde heute über euch zu Zeugen: Ich habe euch Leben und Tod, Segen und Fluch vorgelegt, dass du das Leben erwählst und am Leben bleibst, du und deine Nachkommen.*
>
> —Deuteronomium 30:15–16,19

Gott hat uns eine klare Wahl gegeben. Sein Weg oder den der Welt. Er hat uns sogar die Antwort gegeben.

Aber das ist unsere Entscheidung, nicht seine.

Hier ist ein Geständnis aus meiner beruflichen Reise und ich bete, dass es dir hilft.

Nachdem ich als junger Teenager gerettet worden war, bin ich langsam vom Herrn und vom Körper des Christus weggedriftet.

Ich spielte sonntags Basketball, anstatt die Kirche zu besuchen und entfernte mich langsam von ihr im Alter von 16 Jahren. Ich war fast 40 Jahre alt, als ich ganz zum Herrn zurückkam, in der Zeit, als ich meine aktuelle Firma gründete.

Im ersten Jahrzehnt meiner neuen Firma schrieb ich mehrere Geschäftsbücher, manche davon sehr gelobte und preisgekrönte Bücher.

Dann begann der Herr seine Arbeit an mir. Sich nur auf die geschäftliche Seite zu konzentrieren, das wollte der Herr nicht für mich. Also entschloss ich mich … den Spagat zu wagen!

Mehrere Jahre lang versuchte ich Fuß in der Geschäftswelt zu fassen und mit dem anderen Fuß in Gottes Geschäftswelt zu bleiben. Ich begann auf Pastoren Konferenzen zu sprechen und Pastoren solide, biblisch basierte Managementpraktiken beizubringen. Ich predigte sonntags sogar in mehreren Kirchen.

Obwohl es zu der Zeit ausreichend schien, den Spagat zu machen, sagte mir der Herr im Jahr 2009 ganz klar (nicht in hörbarer Stimme, aber durch ein kräftiges inneres Wissen) „komm ganz auf meine Seite."

Mir war klar, dass ich eine Entscheidung treffen musste: Entweder fuhr ich weiterhin zweigleisig oder ich tat alles für Gott und seine Herrlichkeit.

Auch wenn es ein paar Wochen gedauert hat, ich gab endlich nach und rief „Herr …. Was auch immer, wo immer! Was immer du von mir willst und wo immer du mich willst, ich werde es tun."

Dann habe ich mich ganz Jesus hingegeben. Seinem Willen. Seinem Weg.

Das war der Punkt, an dem ich mich entschied, mit meinem Unternehmen ganz für Gott zu leben und zu arbeiten.

Deine berufliche Reise ist vielleicht weniger dramatisch. Aber das Ergebnis muss dasselbe sein … das du freudig und von ganzem Herzen für den Herrn in deiner Firma da bist.

Es ist deine Wahl. Gebe Gott alles oder nicht. Aber ich warne dich, nur halbherzig dabei zu sein, wird dein Desaster und dein Untergang sein.

Ich kenne deine Werke, dass du weder kalt noch warm bist. Ach dass du kalt oder warm wärest! Weil du aber lau bist und weder warm noch kalt, werde ich dich ausspeien aus meinem Munde. (Offenbarung 3:15-16)

Wie sieht der Spagat in deiner Firma aus? Es könnte so aussehen...

- Du hast Angst am Tag zu beten, weil dich vielleicht jemand sieht
- In einem Moment verfluchst du Gott und im nächsten lobst du ihn
- Du druckst einen Vers auf deine Geschäftskarte in der Hoffnung, dass die Leute glauben, dass du ein echter Christ bist.
- Du vertraust den neusten besten Geschäftspraktiken anstatt der zeitlosen Wahrheit Gottes
- Du zahlst Lieferanten spät, damit du zuerst dein Gehalt bekommst

Wenn du bei einem davon ein gutes Gefühl hast, ist das gut. Sie sollten nicht beleidigend sein, aber dich ermahnen seinen Willen klar in diesen und anderen Bereichen zu suchen, damit du dich mit ganzem Herzen dem Herrn und deiner Firma hingibst.

Eine Herausforderung

Jetzt wäre es eine gute Zeit, das Buch zur Seite zu legen – für einen Tag, eine Woche oder mehr – und absichtlich mehr „Teppichzeit" (Ruhezeit beim Gebet und Fasten) zu investieren, um den Herrn zu bitten, dein Herz vorzubereiten, um vom ganzen Herzen wie Caleb auf dem Markt zu werden!

Weiter so. Schließe das Buch. Ich bin immer noch da, nachdem du dich dem Herrn verpflichtet hast und nicht mehr länger den Spagat machst!

Gebe alles

Alles, was ihr tut, das tut von Herzen als dem Herrn und nicht den Menschen, denn ihr wisst, dass ihr von dem Herrn als Lohn das Erbe empfangen werdet. Dient dem Herrn Christus!

—Kolosser 3:23–24

Willkommen zurück! Ich bete, das deine Teppichzeit eine starke Begegnung war, die dir Klarheit, Frieden und Heiterkeit gebracht hat.

Jetzt lasst uns den zweiten Weg analysieren, um von ganzem Herzen in deiner Firma dabei zu sein – gebe alles, dein alles.

Es ist einfach und dennoch sehr schwer. Ich werde eine weitere persönliche Geschichte teilen, um die Realität darzustellen.

Ich begann mit fünf Jahren Baseball zu spielen und wollte sofort Werfer werden. Als Werfer hast du die Kontrolle. Du kannst den Ball fest werfen. Dein Team ist von dir abhängig. Du bekommst Anerkennung für einen Sieg und mehr Vorwürfe für eine Niederlage, als du verdienst. Bis weit in meine Zwanziger hinein habe ich in organisierten Ligen gespielt. Es war mehr als nur eine Leidenschaft.

In vier Jahren High School Baseball lag mein Wurfrekord bei 23-7 (ich habe 23 Spiele gewonnen und nur 7 verloren). Nicht schlecht.

Nach dem Abschluss der Highschool spielte ich in der sehr wettbewerbsfähigen Sommerliga zusammen mit anderen Spitzenspielern aus dem ganzen Staat. Das Turnier am Jahresende war eine Einzelausscheidung, ein der Sieger bekommt alles Event, in denen wir zwei Spiele gewinnen mussten, um zum regionalen Turnier weiter zu kommen.

Der Trainer wählte mich als Werfer für das erste Spiel und einen Klassenkameraden aus meiner High School – nennen wir ihn „Steve" auch wenn das nicht sein richtiger Name war – der für das zweite Spiel der Werfer sein sollte. Ich warf während des ganzen Spiels am ersten Abend –ein langes intensives Spiel – und wir gewannen. Wir fuhren 40 Meilen nach Hause und kamen an nächsten Abend wieder, um gegen das beste Team im ganzen Staat zu spielen.

Als wir am Stadion ankamen, war Steve nicht da. Eine Stunde vor dem Spiel erfuhren wir, dass er entschieden hatte, nicht zu kommen. Wir erfuhren nie, wieso. Es machte auch nichts. Ich war der Beste und der einzige übrig gebliebene Werfer im Team. Normalerweise bekommt ein Anfänger Werfer 3-4 Tage Ruhe, ehe er ein weiteres Spiel wirft. Der Arm eines Werfers ist müde und muss sich erholen.

Mein Arm und mein Körper waren immer noch müde vom Abend zuvor. Der Trainer hatte keine Wahl und fragte mich, „Jim kannst du heute Abend werfen?"

Ihr braucht dazu ein wenig Hintergrundwissen. Steve und ich spielten seit Jahren gegeneinander und miteinander. Wir waren sehr freundliche Wettstreiter, Teammitglieder, die entschlossen waren, sich und dem Rest der Gemeinde zu beweisen, wer der bessere Werfer war. Steve war Teil der angesagten Leute, ein cooler Typ und ich war es nicht. Er war ein spitzen Linkshänder mit einem starken Fastball im Baseball. Als Sportler hatten wir ein tolles persönliches Verhältnis, aber wir wollten beide das unser Team gewinnt.

Ich hatte nie gegen das Team, gegen das wir an dem Abend spielten, gewinnen können. Ich hatte im Laufe meiner Karriere an der Highschool und in den Sommerligas schon fünf Spiele gegen sie verloren. Sie hatten keine Angst vor mir, aber ich auch nicht vor ihnen.

Ich hatte also recht viel Motivation an dem Abend! Ich wollte das Team schlagen, wollte zwei Spiele Rücken an Rücken gewinnen und zeigen, wer das beste Teammitglied war. (Verzeiht den Stolz, den ich zeigte.)

Ich begann das Spiel und das ganze Team war total auf Sieg programmiert.

Nach fünf Durchgängen führten wir mit 4-2. Als ich aus dem Unterstand zum Hügel trat, um die Runde sechs zu beginnen (wir haben nur sieben Durchgänge gespielt in dieser Liga), fragte der Trainer mich: „Wie geht es dir, Jim?" Er sah, dass ich erschöpft war, mein mittelmäßiger Fastball war ein wenig schwächer geworden und mein Curveball hing ein wenig höher.

Ich sagte natürlich, „Hey Trainer ... alles gut" und dann lief ich zum Hügel wie immer.

Er wusste, was passieren würde und was er schon bald tun müsste. Genauso wie ich, aber ich wollte es noch einmal probieren.

Tja, ihr könnt euch denken, was passiert ist. Das andere Team begann mich zu bombardieren, warf Einzel und Doppel über das ganze Baseballfeld.

In den meisten Spielen wie diesen war ich, obwohl ich keine Kraft mehr hatte, normalerweise in der Lage, den Batter zu einem Pop-up, Ground-out oder Fly-out zu bewegen. Aber dieses Mal nicht, ich war komplett erschöpft.

12,5 Durchgänge zu werfen in den letzten 24 Stunden bei 32° Wetter forderten ihren Tribut.

Zum ersten Mal in diesem Spiel führte das andere Team jetzt. Der Trainer hatte keine andere Wahl, als mich aus dem Spiel zu nehmen.

Als der Trainer zum Hügel kam, tat ich etwas, was ich noch nie in meiner ganzen Sportkarriere getan hatte.

Ich begann zu weinen.

Stellt euch das vor, ein 18-jähriger High School Baseballspieler und Absolvent, der beste Spieler mit einem 23-7 Karriererekord, steht auf dem Hügel und weint!

Ja, ich schämte mich nicht. Meine Tränen kamen von ganz innen aus meiner Seele, ich hatte alles gegeben. Ich ließ nichts auf dem Spielfeld zurück. Ich hatte mein Herz und meine Seele, alles was ich hatte meinem Team gegeben und ich hatte alles versucht, um zu gewinnen.

Obwohl die letzte Punkttafel zeigte, dass ich nachweislich der verlierende Werfer war, war ich in viel größerem Sinne der Gewinner.

Mein Vater stand auf der Tribüne und schaute dem Spiel zu, wie der Vater eines anderen Spielers. Der Vater meines Freundes wandte sich meinem Vater zu und sagte „Ich habe Jim viele Spiele werfen sehen, aber ich war nie stolzer auf ihn als heute Abend."

Mein Vater antwortete „Ich auch nicht, Ed. Ich auch nicht."

Ich erzähle diese Geschichte NICHT, um anzugeben. Nein. Ich erzähle diese Geschichte, um dich zu ermutigen, dass unser Herr Jesus sehr stolz auf dich sein wird, wenn du ihm vom ganzen Herzen dienst, dein Bestes und alles gibst und alles tust, was du kannst für seine Herrlichkeit in deinem Geschäft."

Wenn du ihm vom ganzen Herzen dienst, wirst du am Ende gewinnen und wirst die Belohnung deines Erbes (Kol. 3:23-24) erhalten.

Deshalb must du auf deinem Weg, die Kraft des Heiligen Geistes durch dein Unternehmen zu entfesseln, im Herzen die Absicht haben, ihm von ganzem Herzen zu dienen!

Wenn dir der Heilige Geist also sagt, zu gehen oder nicht zu gehen, zu kaufen oder nicht zu kaufen, zu verkaufen oder nicht zu verkaufen, den Vertrag zu unterschreiben oder nicht zu unterschreiben, die Person anzustellen oder nicht anzustellen .... Was immer er sagt, tu es.

Von ganzem Herzen.

4.4. Vertraue Dem Herrn

Verlass dich auf den HERRN von ganzem Herzen, und verlass dich nicht auf deinen Verstand, sondern gedenke an ihn in allen deinen Wegen, so wird er dich recht führen.

—Sprüche 3:5–6

WARNUNG: VERGESSE DIESE ZEITLOSE WAHRHEIT NICHT!

Als Gläubiger hast du wahrscheinlich oft diese Verse gehört und wahrscheinlich auch verinnerlicht, so wie ich.

Wir müssen diese Verse für eine Weile überdenken, den die sind das Herzstück, wenn es darum geht, die Kraft des Heiligen Geistes in deiner Firma zu entfesseln.

Lass uns diese Verse sorgfältig in fünf Kernkomponente aufteilen.

Vertraue dem Herrn

Vertrauen wird als „sicheres Vertrauen auf die Eigenschaften, Fähigkeit, Stärke oder die Wahrheit von jemandem oder etwas" bezeichnet.

Ich liebe den Satz „sicheres Vertrauen".

Wenn du sicher bist, dann vertraust du bereits dem Herrn für deine Erlösung. Du besitzt das sichere Vertrauen, dass der Herr echt ist, genauso wie seine Versprechungen. Du hast zuversichtlich dein Vertrauen in ihn gelegt.

Unser Vertrauen in den Herrn ist auch ein sicheres Vertrauen, dass er tatsächlich gewissenhaft seine gute Arbeit beendet, die er in uns durch unsere Firma begonnen hat.

Mit deinem ganzen Herzen

Deswegen bleiben so viele von uns stecken oder zögern. Du wirst bemerken, dass Solomon, während er diese Verse unter die göttliche Salbung des Heiligen Geistes schrieb, nicht sagte, Gott will nicht, dass du...

- „mir mit all meinem Geld vertraust!"
- „mir mit all meinem Firmenplänen vertraust!"
- „mir mit all deinen Marktforschungen vertraust!"
- „mir mit deinem ganzen Kopf vertraust!"
- „mir mit all deinen Gefühlen vertraust!"

Die Liste könnte noch ewig weitergehen, aber du verstehst den Punkt.

Es ist wichtig, dass du dich daran erinnerst, dass alles, was du im Unternehmen tust, es von ganzem Herzen tust. Es geht vor allem darum, wie du Gott erlaubst, dich zu beeinflussen, zu wirken und dein Herz für seine Heiligkeit zu formen. Oftmals umgibt dich der Druck der Geschäftswelt, deine Mitstreiter greifen an, der Markt ist dir gegenüber feindlich gesinnt, deine Lieferkette fordert dich heraus und sogar deine Angestellten lehnen dich vielleicht ab.

Es ist einfach die Kontrolle unseres Herzens zu verlieren und wieder zu Fleisch als Geschäftsführer zu werden. Das ist genau der Grund, warum dieser Vers und dieser Übungsschritt so wichtig für deinen Erfolg und deine geschäftliche Bedeutung sind. Alles kommt zu deinem Herz zurück und vertraue dem Herrn alles an ... nicht nur eine Sonntagsportion davon.

Verlasse dich nicht auf dein eigenes Verständnis

Ich kenne nicht alle Antworten und ganz ehrlich du auch nicht. Selbst wenn wir glauben, wir kennen alle Antworten, unser Fazit ist oftmals nicht vollständig, ist fehlgeleitet und schwierig umzusetzen.

Seit zwei Jahrzehnten sah ich meine Rolle im Geschäft darin zu lesen, lernen, analysieren und Informationen teilen – durch Bücher, Grundsatzreden, Coaching und Beratung – darüber, wie große Unternehmen das, was sie tun, so gut machen. Mit den Jahren haben mir viele Kunden gesagt „Es ist mir egal, was der Experte so und so glaubt. Ich zahle dir dafür, was DU glaubst." Es war leicht in meinen eigenen Augen klug zu werden.

Trotz all meiner preisgekrönten Bücher und beeindruckender Kundenliste wusste ich tief in mir, dass ich gar nicht so viel wusste. Meine Hoffnung war, dass niemand durch meine Fassade sehen konnte, um zu bemerken, wie hoffnungslos wenig ich wusste, denn das hätte meine Firma ruiniert.

Genauso wie ich wirst du nie alles verstehen, was du wissen musst, um deine Firma so zu entwickeln, dass es die ewige Wirkung entfaltet, die sich Gott für dich wünscht.

Erkenne ihn in *all* deinen Wegen an

Was heißt „*all*?"

Es bedeutet …. ALLE!

Alle bedeutet alle. Nicht nur ein Teil. Nicht einige. Nicht nur ein Meeting mit einem Gebet beginnen. Nicht nur für mehr Wachstum beten. Sich nicht nur in Zeiten von Problemen, finanziellen Krisen oder Verletzungen von Angestellten auf ihn verlassen.

Alle … bedeutet alle.

Alle.

Warum wiederhole ich das Offensichtliche? Manchmal ist das Offensichtliche nicht so offensichtlich. Wir wissen, wir *sollten* dem Herrn mit ALLEM trauen. Ich habe es als einfacher befunden, meiner Familie, meiner Ehe und meinen Kindern zu vertrauen … auch wenn ich meiner Kirche diene.

Aber ich muss zugeben, über die Jahre habe ich mit all meinen Angelegenheiten gekämpft. Jetzt kann ich sagen, dass Jesus wirklich all meine Geschäfte besitzt. Jetzt, wo er wirklich alles betreibt, muss ich mich nicht mehr auf mein Verständnis verlassen. Ich verlasse mich jetzt ganz auf sein Verständnis.

Er soll unseren Weg leiten

Das Wort „*soll*" wird definiert als etwas, das in der Zukunft passieren soll. Der Herr sagt nicht, dass

- er vielleicht
- nur wenn er Zeit hat
- wenn du es auf seine gute Liste geschafft hast
- nur wenn es zu schwer für dich zum Handhaben ist
- nachdem er nachgedacht hat
- wenn ihm danach ist
- nachdem du ein bestimmtes Level der geistlichen Reife erreicht hast

Sag das laut: ER SOLL MEINE WEGE LEITEN
Sag es nochmal.
Komm schon. Niemand ist jetzt da. Sag es noch einmal!
Deine Wege leiten …. Die ultimative Vergeltung!
Du musst darauf vertrauen, was du durch dein inneres Wissen hörst und nicht daran zweifeln.

4.5. BEWAFFNE DICH

Zuletzt: Seid stark in dem Herrn und in der Macht seiner Stärke. Zieht an die Waffenrüstung Gottes, damit ihr bestehen könnt gegen die listigen Anschläge des Teufels. Denn wir haben nicht mit Fleisch und Blut zu kämpfen, sondern mit Mächtigen und Gewaltigen, mit den Herren der Welt, die über diese Finsternis herrschen, mit den bösen

UNSER UNFAIRER VORTEIL

Geistern unter dem Himmel. Deshalb ergreift die Waffenrüstung Gottes, damit ihr an dem bösen Tag Widerstand leisten und alles überwinden und das Feld behalten könnt.

—Epheser 6:10–13

Satan ist der Prinz der Welt. Er hat die vorrangige Kontrolle über die Mechanismen der Geschäfte. Während du deinen unlauten Vorteil entfesselst, wird der Feind dich holen! Verlass dich drauf.

In Kyle Winklers faszinierendem Buch *Still Satan: Die Angriffe, Bedrohungen, Lügen und Anschuldigungen stoppen* (*Silence Satan: Shutting Down the Enemy's Attacks, Threats, Lies, and Accusations*) sagt er:

> Die Waffen, die wir als Teil der christlichen Uniform bekommen, helfen uns mit unserem Denken. Satan kommt irgendwann in unser Leben mit Argumenten wie, warum Gott uns nicht benutzen kann, warum wir nie gesund werden oder warum unsere bestimmten Sünden zu groß sind, um vergeben zu werden. Diese sind die Zweifel und Entmutigungen, die er als Hindernisse nutzt, um uns von einem Leben des Sieges fernzuhalten. [1]

Dieselben Dinge kann man über unser Geschäftsleben sagen. Wenn du beginnst, deinen unlauten Vorteil auf deinem Markt zu nutzen, wird dein Feind alles, was er hat, auf dich und dein Team werfen.

Während Paulus Beschreibung der Waffe, will ich, dass du dich auf drei wichtige Gedanken konzentrierst:

1: Eine Ganze Rüstung

Eine halbe Rüstung ist nutzlos. Stell dir einen Soldaten vor, der ohne seinen Helm, Rucksack, Stiefel oder eine Waffe in den Krieg zieht. Ebenso stelle dir einen 2%ler vor, der das Kampffeld auf dem Markt betritt, der vom Feind ohne ganze Rüstung kontrolliert wird und bereit ist für jeden Firmenangriff.

Die sechs Stücke der ganzen Rüstung sind diese ...

- **Der Gürtel der Wahrheit** – Das Wort, an dem andere Waffen befestigt sind

- **Brustpanzer der Gerechtigkeit** – Um Herz und Seele zu schützen und als scheinendes Symbol für den Feind deines Schutzes zu dienen

- **Helm des Heils** – Um den Gedanken, die Ohren und den Verstand zu schützen

- **Schuhwerk des Evangeliums und des Friedens** – Fußwerk bereit um fest zu stehen und nicht den Halt zu verlieren

- **Schild des Glaubens** – die feurigen Pfeile des Feindes abwehren und den ganzen Körper vor Angriffen zu schützen

- **Schwert des Geistes** – Das Wort Gottes, die einzige Angriffswaffe

Pauls Ermahnung ist es, die ganze Rüstung anzulegen, nicht nur ein Stück oder zwei. Ohne die ganze Schutzmontur wärst du verletzlicher für den Feind, der dich an deinem Schwachpunkt angreifen würde, seine typische Taktik.

Erkenne das fünf dieser Stücke Schutzausrüstung sind, nur eins ist eine Angriffswaffe. Wenn das ein potenzieller spiritueller Krieg für dich und deine Firma ist, warum beschränkst du dich auf eine Angriffswaffe? Lese weiter.

2: Standhaftigkeit

Viermal in Paulus Beschreibung der ganzen Rüstung (Eph. 6:10-20), sagt er, dass wir stehen sollten und nicht kämpfen. Das faszinierte mich, warum sollten wir uns ausrüsten und dann nicht kämpfen?

Winkler bietet wunderbare Einblicke darin, warum Paulus uns lehrt, Stellung zu nehmen. Er lehrt, dass der Sinn, sich die Rüstung anzuziehen, der ist,

> Die Stärke in der Kraft des Herrn zu finden, damit du aufstehen kannst. Er (Paulus) sagt nicht, dass du eine Rüstung anziehen sollst, um zu kämpfen, sondern dass du im Herrn deine Identität findest, dich gegen die bösen Mächte behauptest die dich zerstören wollen.

Während du dich bewaffnest, erkenne, das du nicht in den Kampf ziehst, sondern dich in die Kraft des Herrn hüllst, um der List und Täuschung des Feindes zu widerstehen (da ist es wieder ... standhalten).

3: Listen

Im Garten Eden verbreitete der Feind unterschwellige Lügen und Enttäuschung, um Eva und Adam zu betrügen (Gen. 3). Er versuchte dasselbe mit Jesus während seiner 40 Tage der Versuchung (Matth.4) Die Taktiken der Feinde hat sich in den 6,000 Jahren nicht geändert. Er wird dasselbe mit dir tun.

Er wird Gedanken und Ideen bringen, die vielleicht folgendes enthalten können…

- „Das kannst du nicht machen."
- „Du hast nicht das Team oder die Ressourcen."
- „Das ist das Verrückteste, was du je probiert hast."

- „Es wird dein Geschäft ruinieren."
- „Niemand wird es mit dir aushalten."
- „Hast du deinen Verstand verloren?"
- „Was werden die Mitbewerber denken?"
- „Du wirst eine Menge Geld verlieren und vielleicht sogar deine Firma."
- „Niemand wird dir folgen."
- „Du bist keine ausreichend starke Führungskraft, um das durchzuziehen."
- „Bist du wirklich, wirklich sicher, dass das von Gott ist? Bist du sicher?"
- „Du meinst das nicht ernst ... oder?"
- „Du liest gerade dieses verrückte Geschäftsbuch und machst den Fehler, Expertenorientiert zu sein, wie der dumme Autor sagt."

Du weißt, worum es geht.

Und viele davon sind die leichte Artillerie des Feindes im Vergleich zu den Atombomben, die du erleben könntest.

Du wirst nicht immer angegriffen werden, aber wenn du jetzt beginnst, eine vom Geist geleitete Führungskraft zu sein, musst du ganz bewaffnet sein.

Deswegen ist es sehr wichtig, dass du dich darauf vorbereitest, deinen unfairen wettbewerbsfähigen Vorteil zu entfesseln, damit du die volle Rüstung täglich anziehen und dich durch die Kraft Christi behaupten kannst und nicht durch deine eigene.

Es ist wie die alte Geschichte, die wir alle in der Kirche gehört haben über die alte Frau, an deren Tür der Teufel klingelt. Sie dreht sich ruhig um und sagt laut: „Jesus, das ist für dich!"

Noch eine Sache: Der Feind muss fliehen

So seid nun Gott untertan. Widersteht dem Teufel, so flieht er von euch.

—Jakob 4:7

Wenn du dem Feind befiehlst, deine Firma im Namen von Jesus zu verlassen, dann muss er gehorchen. Er hat keine Wahl!
Basta!
Es gibt keine andere Option!
Daher

- bekämpfe den Teufel nicht auf seinem Gebiet. Erinnere ihn, dass er bereits geschlagen ist, widerstehe ihm und er muss fliehen, er hat keine Wahl!
- führe keinen spirituellen Krieg mit deiner mentalen Fähigkeit. Bekämpfe es mit Worten, genauso wie Jesus. (Matth. 4:1-11)
- Lass dich von dem Gedanken des Feindes, der zu dir kommt, nicht beängstigen „den er, der in dir ist, ist größer als der, der in der Welt ist" (1 Johannes 4:4)
- Lasse den Feind nicht um dich herumlungern oder um dein Team. Befehle ihm zu gehen und er wird gehen.

Zusammengefasst, erinnere dich daran…

- Es ist mehr als ein Gebet.
- Es ist mehr als eine Stimme.
- Sei von ganzem Herzen dabei.
- Vertrau dem Herrn.
- Ziehe die Rüstung jeden Tag an.

WIE DU DICH VORBEREITEST

Sobald du diese fünf Vorbereitungsschritte machst, bist du bereit, dafür die Macht des Heiligen Geistes in deiner Firma zu entfesseln.

Lese diese Schritte nicht zu schnell durch oder übergehe sie sogar. Vergrabe sie tief in deinem Herzen und deiner Seele, ehe du dich in deinen wettbewerbsfähigen Vorteil stürzt. So wirst du dir selbst eine solide Basis für den Heiligen Geist liefern, um seine Anwesenheit in deiner Firma zu offenbaren.

> ## Gruppendiskussion
>
> Warum ist es so wichtig, sich Zeit zum Vorbereiten zu nehmen, um sich vom Heiligen Geist leiten zu lassen, als einfach ins kalte Wasser zu springen?
>
> Was waren deine Antworten auf die persönlichen und geschäftlichen Achtsamkeitsfragen?
>
> Welcher der Vorbereitungsschritte ist jetzt für dich der Wichtigste? Warum?

---

[1] Kyle Winkler, *Silence Satan: Shutting Down the Enemy's Attacks, Threats, Lies, and Accusations* (Lake Mary, FL: Passio, 2014), 150.

5

ENTFESSELE DEINEN UNFAIREN VORTEIL

Aber ihr werdet die Kraft des Heiligen Geistes empfangen, der auf euch kommen wird...

—Apostelgeschichte 1:8a

DU HAST DICH FÜR DIE GROßE VERÄNDERUNG entschieden.
 Du kennst die potenziellen Hindernisse.
Du hast dich darauf vorbereitet, was vor dir liegt.
Jetzt bist du bereit!
Dieser Abschnitt wird dich durch sechs Punkte führen, damit du deinen unfairen Vorteil entfesseln kannst. Ich empfehle dir, diese in der Reihenfolge anzuwenden, weil sie aufeinander aufbauen und einen wirkungsvollen Prozess bilden.
So solltest du diesen Abschnitt anwenden.
Lese zuerst einmal alle sechs Punkte durch, ohne Notizen zu machen. Bekomme ein Gefühl für den Fluss, den Inhalt und die Dynamik, die sie produzieren.
Zweitens, lese jeden Abschnitt nacheinander durch und vervollständige diese kurze Übung in jedem Abschnitt. Ich

empfehle dir, dich auf einen Abschnitt pro Tag zu konzentrieren. Mach nicht zu schnell. Lasse den Heiligen Geist diese Wahrheiten tief in deinem Geist verwurzeln.

Drittens, sobald du dir genug Zeit genommen hast, dem Heiligen Geist zu erlauben, diese Wahrheiten zu verstärken, wirst du bereit für Kapitel 6 sein. „Mache weiter".

5.1. ÜBUNG

Übung (v.): mache etwas wieder und wieder, um besser darin zu werden; mache (etwas) regelmäßig oder beständig als einen normalen Teil deines Lebens.

Der erste Schritt, die Macht des Heiligen Geistes in deinem Geschäft zu entfesseln, ist zu üben.

Jeder, der Leistungssport macht, versteht die Notwendigkeit von Training. Professionelle Athleten investieren Hunderte, sogar Tausende von Stunden in ernstes, schweißtreibendes hartes Training, um der Beste zu werden, der man sein kann.

In der Wirtschaft sorgen professionelle Schulungs- und Entwicklungsprogramme für viel Praxis, bevor die Mitarbeiter entlassen werden, um die Ausbildung am Arbeitsplatz durchzuführen. Professionelle Dienstleistungsfirmen investieren große Menge an Übungszeit darin, wie sie Kundenanrufe handhaben, ehe die Kundenbetreuer ihren ersten echten Kundenanruf annehmen. Professionelle Verkaufstrainer führen Übungsgespräche durch, um den Mitarbeitern zu zeigen, wie sie zuhören und potenzielle Kunden gewinnen.

In meinem Buch *The Impacter: A Parable on Transformational Leadership,* lehre ich das Vertrauen (Vertrauen in deine Fähigkeit) von Kompetenz kommt (Tiefe deiner Fähigkeiten, die du mit der Zeit entwickelt hast). Je mehr Übung du hast, umso kompetenter wirst du werden. Je kompetenter du wirst, umso mehr Vertrauen wirst du in deine Fähigkeiten haben.

Dasselbe gilt für die Freisetzung der Macht des Heiligen Geistes in deiner Firma.

Hier sind drei tolle Wege zum Üben: Identifiziere den Zeugen, beginne klein und nimm die Feinabstimmung vor.

Identifiziere den Zeugen

Dein Pastor oder dein Lehrer teilt eine starke Wahrheit und etwas in deinem Inneren sagt dir „Ja! Das ist gut! Das ist richtig!" Du kannst es auch laut sagen, so wie ich das oft mache!

Wenn der Heilige Geist die Wahrheit hört, dann bestätigt er das in dir. Dein Geist spürt, dass das die gesprochene Wahrheit ist.

Das ist dein innerer Zeuge.

Derselbe Geist, der in einem Gottesdienst Zeugnis in dir trägt, ist auch während der Arbeit für dich da.

Es ist wichtig, weiterhin zu üben, deinen inneren Zeugen zu spüren, auch wenn du bereits ganz mit dem Heiligen Geist in dir in Kontakt bist.

Wir können nie aufhören zu üben, unseren inneren Zeugen zu spüren.

Reflektiere die Zeit auf der Arbeit, wenn dein Zeuge – das innere Wissen – ganz in Frieden ist. War das als du…

- deine Firma gegründet hast?
- ein großes Projekt eingeführt hast?
- mehr Personal angestellt hast?
- die Zulieferer gewechselt hast?
- große Mengen Maschinen gekauft hast?
- den Vertrag unterschrieben hast?

- einen Angestellten herausgefordert hast aufzustehen und einen Zahn zuzulegen.
- einen Vertrag mit einem Berater oder Coach unterschrieben hast?

Dann gibt es Zeiten, in denen du zurückschauen kannst und sagen kannst „Ich *wusste*, ich hätte das *nicht* tun sollen."

- Deine Firma gründen?
- Das große Projekt einführen!
- Mehr Personal anstellen!
- Zulieferer wechseln!
- Diese Geräte kaufen!
- Den Vertrag unterschreiben!
- Den Angestellten herausfordern, einen Zahn zuzulegen
- Bei dem Berater oder Coach unterschreiben!

In all diesen Fällen ist es sehr wahrscheinlich, dass der Heilige Geist bereits seine Arbeit in dir begonnen hat, er ermahnt dich, die richtigen Entscheidungen zu treffen und warnt dich davor, die falschen Entscheidungen zu treffen.

Es braucht fokussierte, vorsätzliche Bemühungen, um den Zeugen zu identifizieren. Wenn du nicht darauf bedacht bist, stets dein inneres Zeugnis des Heiligen Geistes zu suchen, um gute Geschäftsentscheidungen zu bestätigen, wirst du schnell in alte Verhaltensweisen zurückfallen, um dich von der Welt leiten zu lassen.

Je mehr du übst, umso einfacher wird es sein, den Zeugen zu identifizieren.

Fang klein an

Unser tägliches Brot gib uns heute.

—Matthäus 6:11

Diese Art zu üben ist eine großartige Möglichkeit, wenn du gerade erst lernst, die Stimme des Heiligen Geistes zu erkennen. Lass mich dir ein Beispiel geben, wie einfach es sein kann, klein anzufangen. Als ich erstmals dieses Konzept der *Übung* lernte, fing ich klein an. Eine Übung sticht wirklich hervor.

Ich spreche oft mit Firmen und Kirchengruppen über den unlauten Vorteil. Eine der beliebtesten und am besten zu behaltenden Übungsbeispiele ist, eine Mahlzeit im Restaurant zu bestellen. Das bringe ich ihnen bei.

Wir alle haben ein Lieblingsrestaurant, wo wir ein oder zwei Lieblingsessen haben. Wenn du das nächste Mal in das Restaurant gehst, dann schaue doch mal anstatt wie immer das Gleiche zu bestellen (eines deiner Lieblingsgerichte) auf die Karte und frage den Heiligen Geist „Was empfiehlst DU was ich bestellen soll?"

Warum schlage ich diese Übung vor, wenn du das nächste Mal in ein Restaurant gehst?

- Der Heilige Geist kennt bereits dein Lieblingsessen.

- Er weiß auch, das du andere Gerichte auf der Karte mögen wirst, die du vielleicht nicht kennst.

- Er kann uns davon abhalten, Essen zu bestellen, das schlecht ist, ungesund oder voller Bakterien.

Ich habe neulich in meiner Heimatkirche eine Predigt gehalten und nutzte diese Restaurantbestellung als Beispiel und einen einfachen Weg zu üben, seine Stimme zu hören. Am folgenden Sonntag kam eine junge Dame, die meine Predigt gehört hatte mit einem starken Bericht zu mir.

Sie erzählte mir, dass sie einen sehr sensiblen Magen hätte und ihre Reaktion auf die meisten Lebensmittel ihr starken körperlichen Schmerz brachte und sogar tagelanges Unwohlsein. Nachdem sie meine Botschaft gehört hatte, gingen sie und ihr Mann in ihr Lieblingsrestaurant. Warum dieses Restaurant? Sie wusste, dass ihre Karte zwei Mahlzeiten enthielt, die ihr keine Magenschmerzen verursachen würden.

Aber dieses Mal schaute sie auf die Karte und fragte den Heiligen Geist. „Okay, ich werde üben, was Jim heute gelehrt hat. Heiliger Geist, was soll ich bestellen?"

Sie nahm das Risiko auf sich und vertraute dem Heiligen Geist in seiner Entscheidung.

Als sie zu dem Punkt in ihrem Bericht kam, begannen ihre Augen zu glänzen, ein breites Lächeln erschien auf ihrem Gesicht und sie platzte heraus: „Ich habe etwas bestellt, was ich noch nie bestellt habe und ich hatte KEINE SCHLECHTE REAKTION DARAUF! Jetzt WEIß ICH, dass ich in JEDES Restaurant gehen kann und der Heilige Geist wird mir eine Mahlzeit zeigen, die gut und lecker ist. Du hast mir eine ganze Neue Welt der Essmöglichkeiten eröffnet."

Sie war begeistert.

Natürlich war es nicht ich, der das getan hatte; es war ihr vertrauender Heiliger Geist, der durchdrang, obwohl sie klein anfing.

Wie kannst du klein in deiner Arbeit anfangen? Einige Wege können beinhalten, den Heiligen Geist zu fragen:

- „Soll ich mich mit dieser Person heute oder an einem anderen Tag treffen?"
- „Soll ich an diesem Meeting teilnehmen?"
- „Soll ich diesen Kunden anrufen?"
- „Soll ich diesen Service oder das Produkt zu unserem Geschäft hinzufügen?"
- „Soll ich das jetzt oder später tun?"
- „Soll ich morgen früh kommen oder spät bleiben, um das Projekt zu beenden?

Es gibt ein Dutzend Dinge, die wir noch auf diese Liste schreiben könnten, aber du verstehst, was gemeint ist. Die Möglichkeiten, klein zu beginnen, sind endlos.

Ich ermutige dich, klein anzufangen, weniger risikoreiche Möglichkeiten zu üben und Vertrauen zu gewinnen den Zeugen in dir zu erkennen. Vertrau mir … Er wird es genießen, wenn du absichtlich nach ihm suchst und er wird sich dir mehr und mehr zu erkennen geben, während du übst.

Verfeinerung

Du bist umgeben von viel spirituellen Geräuschen. Satan versucht die ganze Zeit zu dir zu sprechen, bombardiert dich mit unerbittlichen Geräuschen und Botschaften aus den Welten, die er kontrolliert.

Während du übst, wirst du Erfolge („Bestell das Essen") und auch Misserfolge erleben. Wir lernen oftmals mehr durch unsere Misserfolge als durch unseren Erfolg. Obwohl wir üben, müssen wir lernen zu verfeinern, das heißt, so viel wir können von unserem Erfolg zu lernen, wie auch aus unserem Misserfolg.

Ich bin vom Heiligen Geist geführt, um zwei meiner wichtigsten Lebensgeschichten zu teilen, die mir geholfen haben zu lernen, meine spirituellen Ohren zu verfeinern und besser die Stimme des Heiligen Geistes in mir zu erkennen.

Zuerst lasst mich einen großen Erfolg teilen. Ihr haltet ihn in den Händen.

Obwohl ich schon fast fertig war mit dem nachfolgenden Buch in den *The Impacter* Reihen, traf ich auf ein Hindernis. Zuerst war ich nicht sicher, ob das Hindernis selbst eingerichtet oder spirituell bestimmt war.

Ich erkannte schnell, dass es die Stimme des Geistes war und nicht mein Fleisch oder der Teufel (Übung)

Eines Morgens fragte ich den Heiligen Geist, was ich tun sollte. Er sagte mir (nicht in hörbarer Stimme, sondern mit diesem inneren Wissen), „Schreibe ein Buch und zeige meinen Menschen in der Firma, wie ich dir beigebracht habe, meine Stimme zu hören."

Ich legte sofort das Buch zur Seite, das ich schrieb und begann, unseren unlauten Vorteil zu schreiben.

Während ich das Manuskript unter der Anleitung des Heiligen Geistes schreibe, ist es ohne Frage das am meisten erwartete Buch von meinen 14 vorherigen Büchern.

Zweifellos war dies die erfüllendste, lustigste und die wichtigste Arbeit in meinem Leben.

Nur durch vorherige Übung war ich sicher, dass dies tatsächlich der Geist war. Und ich gehorchte sofort.

Jetzt zum großen Scheitern.

Vor ein paar Jahren haben meine Frau und ich unseren Sohn an seiner christlichen Jungenschule in einem anderen Staat besucht. An unserem letzten Tag trug ich eines meiner teuersten Besitztümer: ein brandneues University of Lousville National Championship Männer Basketball Polo Shirt, das mir von meinen Geschwistern geschenkt wurde. Ich wuchs in einer Kleinstadt im Süden von Lousville, Kentucky auf und habe die ganze High School über Basketball gespielt. Ich bin ein großer Fan des Programms.

Es war 18 Jahre her, seitdem die University of Louisville ihre erste nationale Meisterschaft gewann, das Shirt war also besonders schön zu tragen.

Nur Sekunden, ehe wir die Schule verlassen wollten, kam einer der Freunde unserer Söhne zu uns und wir unterhielten uns. Dieser große, dünne 17-jährige hüpfte vor Aufregung, als er mein Shirt sah. Er kam aus Louisville und wie ich war er ein großer UL Fan. Wir sprachen über die Spieler, die Meisterschaft und wie froh wir waren, dass wir wieder Landesmeister sind.

Plötzlich hörte ich eine Stimme in mir – keine hörbare Stimme, sondern mein innerer Zeuge – die mir sagte: „Gib ihm dein Shirt!"

Meine erste Reaktion war „Das kann sicherlich nicht die Stimme des Herrn sein. Warum wollte er, das ich mein neues Lieblingsshirt einem Teenager gab, den ich nicht mal kannte?"

Als der Junge wegging, hörte ich wieder „Gib ihm dein Shirt. Du hast noch viele weitere saubere Shirts im Kofferraum."

Die Wahrheit ist, ich zögerte, verabschiedete mich von unserem Sohn und fuhr davon ... das Shirt trug ich immer noch.

Nach fünf Minuten drehte ich mich zu meiner Frau Brenda um und erzählte ihr, was passiert war. Sie stimmte dem Heiligen Geist schnell zu, dass ich dem Jungen das Shirt hätte geben sollen.

Aber anstatt umzudrehen, fuhr ich nach Hause. Sobald wir da waren, wusch ich das Shirt, schickte es dem Jungen aus Louisville und schrieb noch eine Karte und erklärte, das meine verspätete Gehorsamkeit falsch von mir war. Ich erzählte ihm, dass ich es vor dem Herrn bereut hatte und betete, dass das Shirt ihn segnen würde.

Mein Sohn erzählte mir später, dass der Junge das Shirt so sehr liebte, dass er es nur selten auszog.

Für mich war das eine bestärkende „Ich wusste, ich hätte ihm das Shirt geben sollen" Erfahrung. Wie du hatten wir alle viel davon in unserer Karriere.

Durch mein Scheitern habe ich viele wertvolle Lektionen gelernt, darunter...

- Wie man das deutliche und starke innere Wissen des Heiligen Geist erkennt
- Sofort zu handeln, wenn man aufgefordert wird
- Den Segen des sofortigen Gehorsams zu erfahren und nicht die Schwere des aufgeschobenen Gehorsams.

Identifiziere deinen Zeugen. Fange klein an. Dann verfeiner es. Es braucht Übung – viel bewusstes Üben.

Mit der Zeit wird dein Üben deine spirituellen Ohren stärken und du wirst das Flüstern des Heiligen Geistes hören, der klar in dir spricht.

Hier ist ein Handlungsplan, um dir zu helfen, mit deinen Übungen zu starten.

Handlungsplan zum Üben

Liste fünf Entscheidungen auf die du für dein Geschäft treffen musst. Beantwortete die Fragen, während du auf die Stimme hörst, die dich leitet. Schreibe auf, was du lernst.

Entscheidung #1: _____

Wie hast du angefangen zu hören?

Wie hast du das verfeinert?

Was hast du gelernt?

Entscheidung #2: _____

Wie hast du angefangen zu hören?

Wie hast du das verfeinert?

Was hast du gelernt?

Entscheidung #3: _____

Wie hast du angefangen zu hören?

Wie hast du das verfeinert?

Was hast du gelernt?

Entscheidung #4: _____

Wie hast du angefangen zu hören?

Wie hast du das verfeinert?

Was hast du gelernt?

Entscheidung #5: _____

Wie hast du angefangen zu hören?

Wie hast du da verfeinert?

Was hast du gelernt?

5.2. Prüfe Bevor Du Handelst

> *Kontrolle (n): eine plötzliche Unterbrechung eines Vorwärtsgangs oder Fortschritts; eine plötzliche Pause oder Unterbrechung in einer Entwicklung; der Akt des Testens oder Überprüfens*

Der zweite Schlüssel, um die Macht des Heiligen Geistes in deinem Geschäft auszulösen, ist zu überprüfen, ehe du handelst.

Wie Personen Entscheidungen treffen, faszinierte mich schon immer. Was beeinflusst Menschen die Entscheidungen zu treffen, die sie treffen? Wie können überzeugende Nachrichten und Umweltfaktoren die Entscheidungsfindung beeinflussen?

Während meiner Abschlussstudien in menschlicher Kommunikation konzentrierte ich mich auf die zwischenmenschlichen und psychologischen Variablen in Kleingruppen Entscheidungstreffen. Ich habe jahrelang umfangreiche Studien geführt und folgende Themen recherchiert ...

- Konsensfindung
- Führungsstile und der Einsatz von Macht in Gruppen
- Nonverbale Kommunikationsdynamik
- Rassenübergreifende und kulturübergreifende Kommunikation
- Gruppendenken
- Die Rhetorik des Aristoteles einschließlich der Wirkung von Ethos, Pathos und Logos
- Die Macht des deduktiven, induktiven und analogen Denkens
- Die Auswirkung des Kommunikationsverständnisses auf den Entscheidungsprozess in männlichen und weiblichen Problemlösungs-Zweiheit

Glaubt es oder nicht, Letzteres war der Fokus auf sowohl meiner Masterarbeit als auch meiner Ph. D. Doktorarbeit. Tolle Lektüre gegen Schlaflosigkeit!

Nach so vielen Jahren hingebungsvollem Studiums lernen von einigen der größten akademischen Geister der Welt und von mehreren professionellen Veröffentlichungen, schaue ich jetzt auf alles mit einer wichtigen Schlussfolgerung zurück...

Wow, ich habe das alles falsch verstanden!

In den letzten 20 Jahren habe ich geforscht, wie die beste Führungskraft und der beste Entscheidungsfinder aller Zeiten, Jesus seine Entscheidungen traf ...

- suchte er nach einem Konsens oder einer Mehrheitsentscheidung seiner Jünger?
- reflektierte er die Arbeiten von Sokrates, Aristoteles oder Plato?
- Dachte er gründlich über die zwischenmenschlichen Dynamiken seiner Worte nach?
- bildete er Kundenfokusgruppen, um Trends und Vorlieben zu ermitteln?
- suchte er hoch bezahlte Experten wegen ihrer Klugheit auf?

Nein, Jesus hatte einen ganz neuen, innovativen und unbekannten Entscheidungsfindungsprozess.

Er fragte in jeder Situation den Heiligen Geist, ehe er handelte.

> Da antwortete Jesus und sprach zu ihnen: Wahrlich, wahrlich, ich sage euch: Der Sohn kann nichts von sich aus tun, sondern nur, was er den Vater tun sieht; denn was dieser tut, das tut in gleicher Weise auch der Sohn. Denn der Vater hat den Sohn lieb und zeigt ihm alles, was er tut, und wird ihm noch größere Werke zeigen, sodass ihr euch verwundern werdet. (Johannes 5:19–20)

Jesus überprüfte mit dem Geist Gottes des Vaters den Heiligen Geist.

> Denn ich habe nicht aus mir selbst geredet, sondern der Vater, der mich gesandt hat, der hat mir ein Gebot gegeben, was ich tun und reden soll. Und ich weiß: Sein Gebot ist das ewige Leben. Darum: Was ich rede, das rede ich so, wie es mir der Vater gesagt hat. (Johannes 12:49-50)

Glaubst du nicht, dass ich im Vater bin und der Vater in mir? Die Worte, die ich zu euch rede, die rede ich nicht aus mir selbst. Der Vater aber, der in mir bleibt, der tut seine Werke. (Johannes 14:10)

Jesus hat immer erst nach dem Rechten gesehen, bevor er etwas tat oder sagte.

Hier sind drei einfache Wege, um dich selbst zu trainieren, wie du überprüfst, ehe du handelst: mache langsam, blockiere das Äußere und mache einen letzten Check.

Fange langsam an

Hast du schon mal diese Sätze in der Firma gehört?

- „Der frühe Vogel fängt den Wurm."
- „Bewege dich schnell oder stirb."
- „Das ist dringend."
- „Ich musste das bis gestern haben."
- „Beeil dich, du hältst uns auf."
- „Sie arbeiten einfach nicht schnell genug."
- „Wir haben nicht den ganzen Tag Zeit."
- „Beeil dich!"
- „Mach es einfach!"

In unserer Geschäftswelt werden wir jeden Tag und jede Stunde mit scheinbar wichtigen Aufgaben oder Entscheidungen konfrontiert, die unbedingt *jetzt* fertiggestellt werden *müssen*.

Oftmals bin ich in dieselbe Falle getappt. Als ich eine kleine Wohnungsbaugesellschaft leitete, wurde der Druck, eine weitere Bank davon zu überzeugen, meine Tischlercrew zu finanzieren groß und zwang mich schnell von Haus zu Haus zu springen, um schnell fertig zu werden und Geld zu bekommen. Der Inhaber der Firma hat nie verstanden, warum ich in einer scheinbar willkürlichen Reihenfolge herumsprang, anstatt ein Haus fertigzustellen und dann zum nächsten zu gehen.

Rückblickend war ich total geldorientiert, als ich zur schnellsten Methode griff, um Geld zu leihen. Aber weil ich die Angestellten (und auch mich) und noch Lieferanten zahlen musste, wusste ich nicht, wie ich es sonst bewerkstelligen sollte.

Ich wünsche mir heute, jemand hätte mir gezeigt, ein wenig langsamer zu machen, so wie Jesus.

> Da brachten die Schriftgelehrten und die Pharisäer eine Frau, beim Ehebruch ergriffen, und stellten sie in die Mitte und sprachen zu ihm: Meister, diese Frau ist auf frischer Tat beim Ehebruch ergriffen worden. Mose hat uns im Gesetz geboten, solche Frauen zu steinigen. Was sagst du? Das sagten sie aber, um ihn zu versuchen, auf dass sie etwas hätten, ihn zu verklagen. Aber Jesus bückte sich nieder und schrieb mit dem Finger auf die Erde. Als sie ihn nun beharrlich so fragten, richtete er sich auf und sprach zu ihnen: Wer unter euch ohne Sünde ist, der werfe den ersten Stein auf sie. Und er bückte sich wieder und schrieb auf die Erde. Als sie das hörten, gingen sie hinaus, einer nach dem andern, die Ältesten zuerst; und Jesus blieb allein mit der Frau, die in der Mitte stand. (Johannes 8:3-9)

Das ist die Situation. Religiöse Führer stürmten in die Tempelhöfe, wo Jesus einem großen Publikum lehrte, stellten eine Frau in der Öffentlichkeit grausam bloß und forderten dann vor allen, dass Jesus ihnen eine sofortige Antwort auf ihre Frage gab.

Alle konnten sehen, dass es diesen Männern sehr ernst war, im wahrsten Sinne des Wortes, den sie hielten Steine in ihrer Hand und drohten die Frau zu töten oder sogar Jesus selbst.

Sie zwangen Jesus in ein entweder oder Dilemma. Töte sie, wie das Gesetz sagt oder lasse sie frei und breche das Gesetz.

Wie hat Jesus also auf diese lebensbedrohliche Situation reagiert?

Er kniete sich hin und schrieb etwas in den Dreck und sagte nichts!

Das brachte die Männer noch mehr in Rage. Man kann ihre ungerechte Entrüstung spüren, als sie Jesus erneut aufforderten, ihre Frage zu beantworten. „Was sagst du? Tötest du sie oder lässt du sie frei? Option A oder Option B? Antworte uns ... JETZT!"

Wie hat Jesus auf diese zweite und sogar noch intensivere lebensbedrohliche Situation reagiert?

Er schrieb weiter in den Dreck.

Erst als Jesus bereit war, zu antworten, stand er auf und sagte (in meinen Worten) „Ich nehme Option C ... Los tötet sie, wenn ihr selbst nie gesündigt habt", dann kniete er sich wieder hin und schrieb weiter in den Dreck.

Was machte Jesus, als er sich erstmals hinkniete? Warum tat er das? Was machte er? Warum sagte er nichts?

Ich glaube, er tat das, um den Heiligen Geist in seinem Inneren zu fragen, „Geist, was soll ich sagen und tun?"

Ich glaube, er hat genau das getan, was der Geist ihm sagte. Seine Anweisungen enthielten vielleicht „Halte inne für die Wirkung. Lass uns den Druck ein wenig intensiver fühlen."

Es gibt keinen bodenständigen, rationalen Weg, mit der er seine Antwort hätte geben können. Es war übernatürlich. Nur der Heilige Geist hätte ihm diese Antwort geben können.

Die einzige logische Erklärung für seine wunderbare, fern ab von Welt Antwort war, das es tatsächlich aus einem wunderbaren fern ab von Welt Universum kam.

So wie Jesus sich hinkniete, um seinen Geist zu befragen und das in einer lebensbedrohlichen Situation, kannst auch du innehalten und deinen Geist in jeder geschäftlichen Situation befragen, der du dich gegenüber siehst.

Blockiere die Außenwelt

Die Männer um Jesus herum forderten eine Antwort und wollten sie jetzt. Ihr Druck kam von außen.

Wenn Jesus dem Druck der Situation nachgegeben hätte, sich davon hätte leiten lassen, dann hätte er eine schnelle und schreckliche Entscheidung treffen können. Stattdessen wählte er sich vom Inneren führen zu lassen, wo der Geist regierte.

Wir alle haben im Geschäft schon mal so einen Druck gespürt. Wir alle haben uns dazu gezwungen gesehen, Dinge zu tun ...

- einen Vertrag vor dem Deadline Datum unterschreiben
- eine Person anstellen, um eine offene Stelle zu füllen, anstatt der Firma zu helfen zu wachsen
- zu viel Gewinn verschenken, nur um einen Vertrag abzuschließen
- eine schnelle Entscheidung in einem Meeting treffen, weil andere das von dir erwarten
- einem Meeting oder Mittagessen zustimmen, obwohl du keine Lust hat
- Ein schnelles, schlampiges Angebot zu schreiben, weil der potenzielle Kunde es jetzt erwartet

Dies ist meine Liste, die zeigt, wie ich unter Druck gesetzt wurde und mich nicht von außen blockiert habe. Vielleicht kannst du dich auch auf einige davon beziehen.

Du fragst dich vielleicht „also Jim, du sagst uns alles von Außen zu ignorieren und nur das Innere zu überprüfen, ehe wir eine Geschäftsentscheidung treffen?" Nein, überhaupt nicht.

Gott hat uns den Verstand gegeben, mit der Fähigkeit zu lesen, zu forschen, analysieren, reflektieren, Fakten suchen, beurteilen und zu prüfen. Er erwartet von uns unsere Gott gegebene menschliche Intelligenz zu nutzen, mit unseren besten Fähigkeiten, damit wir so viel verstehen wie wir können.

Aber wenn du alles getan hast, was du tun konntest, ehe du die endgültige Entscheidung zum Handeln triffst, dann höre im Inneren, wo der Heilige Geist sitzt.

Denke daran, dass der Heilige Geist dich von innen auffordert. Der Feind versucht dich von außen unter Druck zu setzen!

Du musst immer die äußeren Stimmen, die versuchen dich zu verführen, mit dem Heiligen Geist, der dich ermuntert übertönen.

Letzte Überprüfung

Die *letzte Überprüfung* ist oftmals eine schnelle Überprüfung, ob du den Heiligen Geist richtig verstanden hast. Es ist kein Versuch etwas rauszuzögern oder zu verschieben, sondern eine einfache Ermahnung, sich die Zeit für eine letzte innere Überprüfung zu nehmen.

Wegen meiner Firma fliege ich beruflich durch ganz Amerika und manchmal auch international, ich berate, spreche und arbeite mit Führungskräften. Während ich im Flugzeug sitze und darauf warte, dass es losgeht, schaue ich aus meinem Fenster und bemerkte oftmals einen der Piloten, der langsam den Rumpf des Flugzeuges, die Flügel und das Fahrwerk vor dem Start begutachtet. Das wirkt sehr vertrauensvoll für mich als Kunde, dass der Chef sich die Zeit nimmt, einen letzten Check an einigen wichtigen Betriebssystemen zu machen.

Selbst wenn das Flugzeug ein paar Minuten später losfliegt, dank des Sicherheitschecks des Piloten, meinst du, ich bin aufgeregt? Auf keinen Fall. Ich bin begeistert, dass die Crew ausreichend professionell ist, um die sichere Funktion des Flugzeugs zu garantieren.

Ich empfehle allen meinen Geschäftspartner aus der Wirtschaft, ehe sie eine neue wichtige Entscheidung treffen alle Daten, Berichte, Papierarbeit und Notizen beiseitezulegen und sich einen ruhigen Ort zu suchen, um den Geist zu fragen, was zu tun ist.

Das ist der letzte Check:

- Entfernt dich aus der druckorientierten Umgebung
- Versichert deine besten Entscheidungen
- Baut mehr Vertrauen und Klarheit in deinem Geist über die Güte deiner Entscheidung.

Dann handle bitte mit einem Sinn von Frieden hinsichtlich der Entscheidung.

Überprüfe, ehe du handelst! Aktionsplan

Der zweite Schlüssel, um die Macht des Heiligen Geistes in deiner Firma zu entfesseln, ist es zu *überprüfen, ehe du handelst*, also …

- Mach langsam
- Blockiere das Äußere.
- Überprüfe ein letztes Mal.

Versuche in den nächsten Wochen diese drei kritischen Schritte in deinen Entscheidungsfindungsprozess zu integrieren. Nutze diesen Aktionsplan, um zu erklären, wie du „Prüfen vor dem Handeln" für jede Entscheidung angewandt hast. Diese einfache Handlung kannst du für immer nutzen, um dein Vertrauen aufzubauen, dass der Heilige Geist deine Entscheidungen leitet.

Entscheidung #1: _____

Wie hast du das Tempo verringert?

Wie hast du das Äußere ausgeblendet?

Was hat die letzte Überprüfung ergeben?

Entscheidung #2: _____

Wie hast du das Tempo verringert?

Wie hast du das Äußere ausgeblendet?

Was hat die letzte Überprüfung ergeben?

Entscheidung #3: _____

Wie hast du das Tempo verringert?

Wie hast du das Äußere ausgeblendet?

Was hat die letzte Überprüfung ergeben?

Entscheidung #4: _____

Wie hast du das Tempo verringert?

Wie hast du das Äußere ausgeblendet?

Was hat die letzte Überprüfung ergeben?

Entscheidung #5: _____

Wie hast du das Tempo verringert?

Wie hast du das Äußere ausgeblendet?

Was hat die letzte Überprüfung ergeben?

5.3. Suche Einen Zeugen

Zeugen (n): Bescheinigung einer Tatsache oder eines Events: einer, der persönliches Wissen von etwas hat

Der dritte Schlüssel, um die Macht des Heiligen Geistes in deinem Geschäft freizusetzen, ist es, einen Zeugen zu suchen.

Zahlreiche Kriminalfälle in Amerika wurden basierend auf dem Bericht eines einzigen Zeugen entschieden, jemand, der vor Ort am Tatort war und weiß, was passiert ist. Durch ihre Zeugen sind sie in der Lage, die Wahrheit ihres Erlebnisses zu bestätigen. Trotz des gegensätzlichen Beweises kann das Zeugnis eines Zeugen leicht Dutzende Stimmen von nicht bezeugenden Experten überstimmen.

Dasselbe gilt für deinen Geist, dein einziger, allmächtiger, allwissender und interner spiritueller Zeuge.

Der echte Zeuge

Ein treuer Zeuge lügt nicht; aber ein falscher Zeuge redet frech Lügen.

—Sprüche 14:5

Hast du schon mal eine Lüge auf der Arbeit erzählt? Einem Angestellten? Dem Chef? Dem Verkäufer? Einem Kunden? Natürlich hast du das. Wenn du seit mehr als 24 Stunden im Geschäft bist, dann hat dir wahrscheinlich schon mal jemand eine kleine oder große Lüge erzählt hat.

Aber woher wusstest du, dass es eine Lüge war? Was hat dir gesagt, dass die Person nicht ehrlich ist? Was hat dir geholfen, die Lüge zu durchschauen?

Die Antwort ist einfach. Du kennst die Wahrheit bereits!

Egal, ob es eine Reihe finanzieller oder betrieblicher Zahlen, ein Überweisungsverlauf, ein fehlendes Merkmal eines Berichts oder sogar eine andere Person ist, manchmal hat dein Inneres schon ein Gefühl für die Wahrheit. Es war einfach einen Blender zu erkennen.

In manchen Fällen war es der Heilige Geist, der echte Zeuge, der in dir lebt, der die Wahrheit oder die Fälschlichkeit in der Aussage bestätigt.

Manchmal jedoch werden wir alle hereingelegt. Wir hören etwas und glauben „Meine Güte, ich weiß es nicht. Das hört sich gut an. Es ist vernünftig. Ich denke, es könnte so sein. Ich bin nicht sicher und ich würde es hassen, jemandem etwas anzuhängen und falschzuliegen."

Wann werden wir hereingelegt? Wenn wir in alte Gewohnheiten zurückfallen, uns kopforientieren oder Ideenorientieren oder Gefühlsorientieren anstatt geistesorientiert zu sein.

Wie kannst du zwischen echtem Zeugnis und falschem Zeugnis unterscheiden?

Der echte Zeuge gibt dir ….

- Frieden (Phil. 4:7)
- Einheit (Eph. 4:3)
- Geduld (Gal. 5:5)
- Stärke (Eph. 3:16)
- Einblick (1 Kor. 2:10, 13)
- Freude (1 Thes. 1:6)
- Komfort (Apostelgeschichte 9:31)
- Obst (Gal. 5:22–23)

Der falsche Zeuge verursacht bei dir ...

- Unruhe
- Unbehagen
- Anspannung
- Schwäche
- Verwirrung
- Angst
- Unsicherheit
- Stress

Deine beste Entscheidung enthält immer mehr aus der ersten Liste als der zweiten Liste.

Während du einen Zeugen für eine Entscheidung suchst, behalte diese Liste, um dich daran zu erinnern, wie schnell man zwischen echtem und falschem Zeugen unterscheiden kann.

Denke daran, der Heilige Geist wird dich in die Wahrheit leiten (Johannes 16:13) Du brauchst nur einen Zeugen zu suchen, den echten Zeugen des Heiligen Geistes.

Ein Zeuge ist genug

Der Geist selbst gibt Zeugnis unserm Geist, dass wir Gottes Kinder sind.

—Römer 8:16

Ein gewöhnliches geschäftliches Sprichwort über Führungskräfte lautet „Es ist einsam an der Spitze."

Als Geschäftsführer triffst du jeden Tag ein Dutzend Entscheidungen. Je höher deine Position, umso größer der Einfluss deiner Entscheidungen in deiner Firma. Und je größer die Entscheidung oftmals sind, umso weniger Menschen seid ihr, die die Freiheit haben, bei der Entscheidung mitzuwirken.

Manchmal ist es einsam an der Spitze der Firma.

Und es ist nie einsamer als alleine mit einem Thema dazu stehen.

Egal, ob du oben oder unten in der Befehlskette der Firma stehst, du stehst vor Zeiten und Entscheidungen, in denen du die einzige Person mit diesem Thema bist. In diesen Zeiten suchst du einen Verbündeten an deiner Seite, der dich rettet und dich in deiner Position stärkt.

Das ist der perfekte Zeitpunkt, den einzigen wahren Zeugen zu suchen – den Heiligen Geist – er ist ausreichend.

Es ist wie mit der Ampel. In Amerika haben unsere Ampeln drei Farben. Rot heißt *anhalten*. Gelb bedeutet, *langsamer fahren* und *vorsichtig weiter fahren*. Grün heißt *fahren*.

Meiner Erfahrung nach gibt der Heilige Geist manchmal rotes Licht, manchmal gelbes Licht und manchmal grünes Licht.

Eine Art nach seinem Zeugen zu suchen ist diese. Du spürst...

- **Angst oder Unsicherheit** - Halt! Es ist wahrscheinlich ein rotes Licht.

- **Nichts** – warten und weiter suchen. Es ist wahrscheinlich ein gelbes Licht.

- **Frieden und Power** – Geh und GEH JETZT! Du hast grünes Licht vom Heiligen Geist bekommen, um zu handeln!

Zwei Zeugen sind noch besser

> ...so *haben wir, einmütig versammelt, beschlossen, Männer auszuwählen und zu euch zu senden mit unsern geliebten Brüdern Barnabas und Paulus...*
>
> —Apostelgeschichte 15:25

Denn es gefällt dem Heiligen Geist und uns, euch weiter keine Last aufzuerlegen als nur diese notwendigen Dinge:

—Apostelgeschichte 15:28

Es gefiel aber Silas, dort zu bleiben.

—Apostelgeschichte 15,34 Fn. (LUT17)

Strongs Wörterbücher erklären Zeugnis als „gemeinsam bezeugen, d.h. durch (gleichzeitige) Beweise bestätigen; bezeugen; gemeinsam bezeugen". In jedem dieser oben genannte Verse sind Gläubiger zusammengekommen als Zeuge derselben Entscheidung. „Es scheint gut für den Heiligen Geist und für uns" ist es ein perfektes Beispiel des Mit-Zeugen. Der Heilige Geist sagte individuell zu ihnen „Ja, das ist eine gute Entscheidung" und dann stimmten sie zusammen mit ihren inneren Zeugen zu.

Obwohl dein individueller Zeuge mit dem Heiligen Geist auf jeden Fall genug ist, sind ein oder zwei weitere Zeugen sogar noch besser!

Hier ein Beispiel der Macht der zwei Personen Co-Zeugen.

Kürzlich habe ich mich an eine große Gruppe christlicher Geschäftsführer gerichtet, mit einem abschließenden Satz auf einer regionalen Konferenz. Ich teilte einen schnellen Überblick der Prinzipien in diesem Buch. Während dieser Botschaft spürte ich, wie der Heilige Geist mich drängte, mehr Zeit damit zu verbringen, einen Co-Zeugen zu suchen, wie ich ursprünglich geplant hatte.

Drei Tage nach der Konferenz erhielt ich eine lange und ausführliche E-Mail von einem der Konferenzteilnehmer, einem Firmengigant und einem Gründungsmitglied dieser angesehenen christlichen Geschäftsorganisation.

Nach einem schnellen Überblick auf das Problem schrieb er in seiner Mail:

Fazit, ich fuhr gestern Abend nach Hause und erinnerte mich an deine Nachricht. Ich machte das Radio aus und fragte laut den Heiligen Geist, was ich in dieser Situation tun sollte. Ich war beeindruckt und wollte meine Assistentin anrufen und sie nach ihren Gedanken über die Angelegenheit zu befragen (sie ist eine TOLLE Frau, liebt den Herrn, aber ICH hatte das noch NIE gemacht!).

Mein Freund beschrieb weiter, wie sie zusammen ein mächtiges und schnelles Mit-Zeugniss mit einer großen Lösung fanden. Er schloss seine Mail mit dem Satz:

(Unnötig zu sagen) Ich wäre NIE selbst auf diese Lösung gekommen. Ich weiß nicht, wie viele andere Menschen bei der Konferenz die Prinzipien SOFORT angewandt haben, die du gelehrt hast, aber ich habe es getan und ich weiß es zu schätzen, dass du dem Herrn gehorchst und dir die Mühe machst, zu unserer Gruppe zu sprechen.

Das ist das perfekte Beispiel für die Suche eines Mitzeugen. Du kannst sein Selbstbewusstsein und seine Freude spüren, wenn du das Zeugnis eines Mitgläubigen bei der Arbeit suchst.

Wenn du ein starkes Team aus gläubigen Mit-Zeugen auf der Arbeit hast, kannst du jedes Problem oder jede Situation für deine Firma überwinden.

Einen Mit-Zeugen auf der Arbeit zu suchen ist nicht immer einfach oder geht schnell. Die Herausforderung besteht darin, wenn du einen Mit-Zeugen suchst, dessen Entscheidungen mit deinen nicht übereinstimmen – und ihr auf verschiedenen Seiten des Themas steht. Was solltest du dann tun?

Mein Social Media und mein Webseite Strategie Coach ist ein wunderbarer Geisteserfüllter Gläubiger und ein Bestselling Autor. Er kennt meine Geschäfte gut, sogar noch besser als mich. Er lehrt weiterhin und begleitet mich weiterhin bei all meinen Bemühungen um digitales Marketing und Positionierung.

Natürlich fragte ich ihn bei mehreren Gelegenheiten „Das denke ich darüber. Hast du einen Zeugen dafür?"

Oftmals bestätigt er sofort, was ich fühle. Manchmal aber auch nicht. Er widerspricht und schlägt etwas anderes vor.

Was soll ich jetzt tun?

Weil er über so ein intimes Wissen über meine Plattform, meine Ziele und wie Gott mich gerufen hat verfügt, um meine Aufgabe in seinem perfekten Plan zu erfüllen, gehe ich wieder los und suche meinen persönlichen Zeugen in dieser Entscheidung.

Mich intensiver mit dem Heiligen Geist zu beschäftigen, zieht mich nur noch in eine tiefere, kräftigere Beziehung mit ihm, nicht nur für diese Entscheidung, sondern auch im Leben. Oftmals dauert es nur kurz, bis sich seine Entscheidung in meinem Geist festgesetzt hat.

Am Ende liegt die Entscheidung bei mir. Ich tue, was ich tun muss. Und diese Extra Zeit mit dem Herrn gibt mir zusätzliche Stärke, Frieden und Verpflichtung.

Das Lustige ist, dass ich, nachdem ich meine Entscheidung umgesetzt habe, mein Freund oftmals sagt „Jetzt kann ich klarer sehen, warum du diese Möglichkeit gewählt hast. Ich hatte das noch nicht von dieser Perspektive aus gesehen. Ich weiß, es wird für dich funktionieren."

Am Ende habe ich den Mit-Zeugen bekommen, den ich anfänglich gesucht habe. Ich musste einfach nur in Vertrauen auf die Antwort meines persönlichen Zeugen reagieren.

Die beste Team Building Strategie

> Hey Tom, kann ich dich um etwas bitten? Ich werde eine große Entscheidung treffen ... Ich will einfach nur sicher sein, dass ich vom Herrn genau das höre, was er möchte, dass ich tue. Das hier ist mein Gefühl. Er sagt mir ... Hast du einen Zeugen dafür?

Stellt euch die aufgeregte Reaktion von Tom vor, ein weiterer 2%ler Gläubiger in der Firma.

Stellt euch vor, wie bescheiden und überwältigt er sich fühlen würde, wenn man ihn fragt, ob er bei so einer wichtigen Frage helfen kann.

Wenn Tom die Macht des Mit-Zeugen kennt, wird er wissen, was zu tun ist.

Denk einfach an die vielen Vorteile, die aus dem Team Building entstehen, um andere einzuladen, dein Mit-Zeuge auf der Arbeit zu sein. Suche einen Mit-Zeugen unter deinen Kollegen ...

- Das gibt Vertrauen in deine Entscheidungen.
- Stärkt die biblische Gründung deiner Firma.
- Zeigt deinen Willen, dem Herzen und dem Geist deines Teams zuzuhören.
- Lässt die spirituelle Stärke und Einsicht in der Firma wachsen.
- Erinnert andere daran, dasselbe zu tun hinsichtlich ihrer Entscheidung.
- Er beruhigt andere auch bei Entscheidungen, mit denen sie nicht einverstanden sind.

Das ist die stärkste Team Building Frage überhaupt: „HAST DU EINEN ZEUGEN?"

Persönliche Anwendung im Leben

Vor langer Zeit habe ich einen neuen Versuch gestartet, Entscheidungen zusammen mit meiner intelligenten, wunderschönen und geistes erfüllten Frau Brenda zu treffen.

Wie die meisten Ehemänner fragte ich sie ...

- „Wie FÜHLST du dich damit?"
- „Was DENKST du darüber?"
- „Was ist deine MEINUNG darüber?"

Jetzt, wenn ich ihre Meinung wegen einer großen Entscheidung suche, frage ich nur „Hast du einen ZEUGEN dafür?"

Dieser Ansatz führt dazu, dass ihre Entscheidungsfindung nicht mehr von ihren Gefühlen, ihrem Kopf oder ihrer Meinung, sondern ausschließlich vom Geist inspiriert wird.

Weil sie denselben Heiligen Geist in sich trägt wie ich, treffen wir jetzt Entscheidungen, indem wir einen Mit-Zeugen suchen.

Die Ergebnisse sind toll. Indem die Struktur der Frage verändert wird, gehen wir den Weg als Paar noch stärker gemeinsam.

Suche einen Zeugnis Aktionsplan

Hier gibt es einen einfachen mit vier Fragen „Suche einen Zeugen Handlungsplan". Beantworte die Fragen in dieser Reihenfolge.

Entscheidung #1 _____

Habe ich einen persönlichen Zeugen mit dieser Entscheidung oder Handlung?

Brauche ich einen Mit-Zeugen dafür?

Wenn ja, wen sollte ich nach einem Mit-Bezeugnis befragen?

Hat er/ hat sie einen Zeugen dafür?

Meine Zeugen Entscheidung ist:

Entscheidung #2 _____

Habe ich einen persönlichen Zeugen mit dieser Entscheidung oder Handlung?

Brauche ich einen Mit-Zeugen dafür?

Wenn ja, wen sollte ich nach einem Mit-Bezeugnis befragen?

Hat er/ hat sie einen Zeugen dafür?

Meine Zeugen Entscheidung ist:

Entscheidung #3 _____

Habe ich einen persönlichen Zeugen mit dieser Entscheidung oder Handlung?

Brauche ich einen Mit-Zeugen dafür?

Wenn ja, wen sollte ich nach einem Mit-Bezeugnis befragen?

Hat er/ hat sie einen Zeugen dafür?

ENTFESSEL DEINEN UNFAIREN VORTEIL

Meine Zeugen Entscheidung ist:

Entscheidung #4 _____

Habe ich einen persönlichen Zeugen mit dieser Entscheidung oder Handlung?

Brauche ich einen Mit-Zeugen dafür?

Wenn ja, wen sollte ich nach einem Mit-Bezeugnis befragen?

Hat er/ hat sie einen Zeugen dafür?

Meine Zeugen Entscheidung ist:

Entscheidung #5 _____

Habe ich einen persönlichen Zeugen mit dieser Entscheidung oder Handlung?

Brauche ich einen Mit-Zeugen dafür?

Wenn ja, wen sollte ich nach einem Mit-Bezeugnis befragen?

Hat er/ hat sie einen Zeugen dafür?

Meine Zeugen Entscheidung ist:

5.4. LÖSCHE DEN GEIST NICHT AUS

Auslöschen (v.) löschen; auslöschen; etwas zu Ende bringen

Der vierte Punkt, um die Macht des Heiligen Geistes in deiner Firma zu entfesseln, ist, den Geist nicht auszulöschen.

Während des Vietnamkriegs war ich ein Teenager. Jahrelang hörten wir jeden Tag während der abendlichen Fernsehnachrichten die tägliche Zahl der Todesopfer, die Anzahl der bestätigten Helden, die für unser Land gestorben sind.

Eine der dramatischen Punkte des Kriegs war es von den vielen Männern zu hören, die als Gefangene des Krieges festgehalten wurden, in etwas, was auf sarkastische Weise das „Hanoi Hilton" genannt wurde, ein großes Gelände, wo Soldaten jahrelang gnadenlos gequält wurden.

Für fast ein Jahrzehnt hat mein guter Freund Dr. Steve Linnville bei einem phänomenalen Team aus medizinischen und psychologischen Spezialisten gedient, welche die mentalen und körperlichen Auswirkungen der Gefangenschaft von POWs aus Vietman, Desert Storm und Operation Irak Freiheit untersuchten. Hunderte dieser Helden, sowohl Frauen als auch Männer besuchten regelmäßig das Robert E. Mitchell Zentrum auf der Pensacola Naval Aviation Station für umfangreiche körperliche Bewertungen und Veranlagungen.

Eine Schlüsselfrage, die in ihrer Langzeitstudie gestellt wurde, lautete, „Was sind die wichtigsten Unterschiede zwischen Soldaten, die jahrelange schreckliche Qual überlebt haben und Soldaten, denen das nicht widerfahren ist?"

Vielleicht eines der wunderbarsten Ergebnisse ihrer Forschung bis heute ist das hier: *Optimismus* ist die wichtigste Eigenschaft bei der Vorhersage der Widerstandsfähigkeit und dem Ausbleiben jeglicher psychologischer Störung.

Der tollste Unterstützer dieser Resilienz ist der *Glauben*. Für viele lag der Glauben in Gott. Für andere war ihr Glauben der an eine bessere Zukunft.

Warum sollten Forschungsergebnisse auf zurückgeführte POW in einem Buch stehen, das den Heiligen Geist im Unternehmen entfesselt?

Zuerst einmal hat mich der Heilige Geist dazu geführt, das mit einzuschließen.

Zweitens, diejenigen, die überlebt haben, nachdem sie Minute für Minute, Stunde um Stunde, Tag für Tag und Jahr für Jahr extremen physischen und mentalen Qualen ausgesetzt waren, taten das, weil sie nicht den Geist, der in ihnen lebte, auslöschen wollten.

Ja, viele der Vietnam POW sind Gläubige und sogar die wenigen Geschichten, von denen ich gehört habe, die von ihrer unmenschlichen Behandlung berichten, lassen mein sogenanntes Personal und die professionelle Herausforderung blass in Bedeutung aussehen.

> Seid allezeit fröhlich, betet ohne Unterlass, seid dankbar in allen Dingen; denn das ist der Wille Gottes in Christus Jesus für euch. Den Geist löscht nicht aus. (1 Thess. 5:16-19)

Lasst uns die Wahrheit zugeben: Es ist leicht, den Geist auszulöschen.

Sonntags sind die Tage, in denen wir uns traditionell in unserem Haus der Verehrung versammeln, Lieder singen, Gott für seinen Geist danken und manchmal auch Predigten und Bibelverse hören, über die Arten und Wunder des Heiligen Geistes.

Wir beten und sagen *Amen*, wenn wir etwas Brennendes in uns fühlen, etwas Gutes und etwas, das uns dazu bringt, tief über unseren persönlichen spirituellen Gang mit Gott nachzudenken.

Nach dem Gottesdienst lächeln wir und schütteln Hände mit unseren Freunden, sprechen über die gute Botschaft, Musik, witzeln darüber, wie wir „überführt" wurden und gehen zur Tür und gehen nach Hause oder in ein Restaurant. Sobald wir den Kirchenparkplatz verlassen haben, haben wir auch die Lehren, die Predigten, die Skripte und die Eingebungen innerhalb des Kirchengebäudes hinter uns gelassen.

Ist es also ein Wunder, dass so viele von uns selten die Macht des Heiligen Geistes während der Arbeit sehen?

Es ist so einfach, die Lehren, Eindrücke und Ermahnungen von unserem spirituellen Führer in den Bankreihen und den Fluren eines festgelegten Sonntagsgebäudes zu verlassen.

Wir können so einfach den Geist Gottes auslöschen.

Es gibt drei Arten, in denen wir häufig den Geist loslassen: Ihn ignorieren, ihn besänftigen und ihn betrauern.

1. Ignoriere ihn

> *Habt ihr Augen und seht nicht und habt Ohren und hört nicht? Und denkt ihr nicht daran:*
>
> —Markus 8:18

Ignorieren bedeutet, sich weigern zu zeigen, dass du hörst oder siehst und nichts deswegen tust oder als Antwort auf etwas oder jemanden. Vielleicht der einfachste Weg, den Heiligen Geist auszulöschen, ist es, ihn zu ignorieren.

Während meiner Vertragszeit mit einem ehemaligen Geschäftskunden wies der Eigentümer einen Verkaufsmann an, eine firmenweite Markteinführung vorzubereiten, wie die Führerkraft Prinzipien in meinem Buch *The Impacter*. Obwohl ich einen Vorschuss erhielt und ihm ganz zur Verfügung stand, wurde ich erst am Ende in das Projekt gebracht, nachdem der Plan bereits mit einer weiteren Verkaufsperson entwickelt worden war.

Der Autor „des Buches" (Ich) saß im Zimmer.

Der Autor „des Buches" war verfügbar, bereit zu helfen, aber wurde ignoriert.

Denke daran, dass der Autor *des Buches* (die Bibel) in dir lebt. Er ist gewillt und verfügbar, dich jederzeit zu leiten und dich in die Richtung zu lenken, wie du seine perfekte Klugheit in deine Firma integrieren kannst.

Nimm dir im Herzen vor, den Heiligen Geist nie wieder zu ignorieren (Johannes 14:26)

2. Besänftige ihn

Besänftigen heißt etwas zu verdecken, um es davon abzuhalten zu wachsen oder sich zu verbreiten .... Versuche, ein Ereignis zu verhindern.

Manchmal scheint die Antwort offensichtlich. Es ist offensichtlich, das wir ...

- in diese Ausstattung investieren
- diese Handelsshow besuchen
- in das neue Werbeprogramm mit einsteigen
- den Angestellten kündigen
- uns um das Problem kümmern

Es ist einfach von dem geführt zu werden, was offensichtlich erscheint.

In Lukas (10:40) kochte Martha wütend eine Mahlzeit und unterbrach wütend Jesus Lehren in einem Haus voller Gäste.

Sie versuchte den Geist zu besänftigen, indem sie Jesus unterbrach, ihre Schwester beschimpfte und Jesus sagte, was er tun sollte. Was offensichtlich für Matha erschien (die Menschen müssen jetzt essen) war nicht das wichtigste in dem Moment (wenn man Jesus zuhörte).

Alle hier auch Martha lernten, dass es weit wichtiger ist, sich auf die Lehren von Jesus zu konzentrieren und seinen Geist nicht zu besänftigen, der sich dadurch bewegen will.

Wie können wir den Heiligen Geist im Geschäft beruhigen? Wenn ...

- alle *Fakten* eins aussagen, aber der Heilige Geist sagt etwas anderes
- alle *Experten* eine Sache sagen, aber der Heilige Geist sagt etwas anderes.
- all dein *Personal* etwas sagt, aber der Heilige Geist sagt etwas anderes
- du dich weigerst einen Mit-Zeugen zu suchen
- wenn du hörst „Geb ihm dein Shirt", aber du den Gedanken schnell wegschiebst

Sei dir bewusst, dass der Feind nichts lieber tut, als dich dazu zu bringen, den Heiligen Geist in deinem Unternehmen zu ersticken.

3. Betrübe ihn

> *Und betrübt nicht den Heiligen Geist Gottes, mit dem ihr versiegelt seid für den Tag der Erlösung.*
>
> —Epheser 4:30

Hast du je etwas getan, von dem du wusstest, dass es falsch war, aber hast trotzdem weitergemacht?

Hast du mehr gegessen, als du hättest essen sollen? Hast du deinen Mann oder Familie in deiner Freizeit ignoriert? Indem du gemacht hast, was du willst? Hast du deinen Kindern gesagt, du seist zu müde, um mit ihnen zu spielen, aber ihnen gesagt, sie sollen morgen noch mal fragen?

Oder in deinem Unternehmen hast du dich jemals davon überzeugt, dass du

- einen Angestellten länger behältst, der schon vor Jahren hätte gehen sollen?
- eine Zahlung herausgezögerst, um deinen kurzfristigen Cashflow zu verbessern?
- die Augen geschlossen hast, als ein wichtiger Angestellter seine Frau betrogen oder irgendwelche Firmenregeln gebrochen hat?
- einem langfristigen Kunden erlaubt hast, deine Angestellten ohne Respekt und mit unhöflichem Verhalten zu begegnen?

Trauer heißt Traurigkeit oder Unglücklichsein bei jemanden zu verursachen ... jemanden leiden lassen. Ja, du kannst den Heiligen Geist durch dein Geschäft betrauern. Du kannst ihn auch durch Beleidigungen betrauern.

> Eine wie viel härtere Strafe, meint ihr, wird der verdienen, der den Sohn Gottes mit Füßen tritt und das Blut des Bundes für unrein hält, durch das er doch geheiligt wurde, und den Geist der Gnade schmäht? (Hebr. 10:29)

Eines der einfachsten Arten, auf denen ich gelernt habe, mehr sensibel gegenüber dem Geist zu sein, ist es, mehr auf die Zeiten zu achten, wenn ich einfach meinen Kopf wegen einer anderen Handlung in Unglauben schüttele.

Wenn ich an der Spitze meines Entfessele die Macht des Heiligen Geistes Spiel bin, frage ich mich selbst „Also, warum habe ich gerade meinen Kopf geschüttelt?"

In den meisten Fällen, ist es eine vernünftige Reaktion auf die Antwort, wenn mich jemand auf der Straße schneidet, der gesamte Gang mit dem Wagen blockiert wird usw.

Auf der Arbeit spürst du vielleicht, wie du bei folgenden Dingen den Kopf schüttelst ...

- was Menschen bei Meetings sagen
- Führungskräfte, die ständig zu spät zu ihrem eigenen Meeting kommen
- Wenn eine Person oder ein Team nicht gewillt ist, eine zugewiesene Aufgabe zu beenden
- bei schlampiger Arbeit
- wenn leere Kaffeekannen im Pausenraum zurückgelassen werden, nachdem ein Becher gefüllt wurde

Ich frage mich ganz bewusst, ob diese Handlungen mein Fleisch oder den Geist in mir betrüben.

In vielen Fällen ist es nur mein Fleisch. Zum Beispiel nehme ich meinen leeren Kaffeebecher und erinnere mich daran, dass mein Retter mir dienen will und nicht bedient werden will. Daher ist es ein Segen für die anderen, wenn sie aufräumen, frisches Wasser in die Behälter gießen und einen heißen, frischen Kaffee für alle aufzusetzen.

Das ist ein einfaches, aber leider viel zu gewöhnliches Beispiel, wie eine Beschwerde des Fleisches in ein Segen für andere verwandelt werden kann.

Wenn es mein Fleisch schmerzt, kann ich es reparieren, wenn es geht und es dann vergessen.

Wenn es meinen Geist schmerzt, dann reflektiere ich noch ein wenig mehr, um zum Kern des Ganzen zu kommen, warum ich mich so fühle, wie ich mich fühle. Ich frage den Heiligen Geist.

- „Warum trauerst du darüber?"
- „Was möchtest du, das ich dagegen tue?"
- „Wie kann ich verhindern, dass das in der Zukunft passiert?"
- „Was willst du, das ich darüber lerne?"
- „Was möchtest du, dass ich anderen davon erzähle?"
- „Ist das etwas, was ich bereuen sollte?"

Das letzte, was du in deinem Geschäft brauchst, ist ein trauernder Heiliger Geist in dir oder in anderen.

Ein trauernder Heiliger Geist ist ein direkter Hinweis darauf, dass du oder jemand anderes falschliegt und eine Korrektur benötigt wird.

Den Geist nicht auslöschen Aktionsplan

Reflektiere deine aktuellen Geschäftsprobleme, deine Prioritäten und deinen Druck. Hinsichtlich des Heiligen Geistes, wo hast du ihn kürzlich

– ignoriert

– besänftigt

– ihn betrauert

Es dauert 10 Minuten, um für diese Situation zu beten und den Heiligen Geist zu bitten, mit dir über sie zu sprechen. Schreibe unten auf was der Geist dich anweist zu tun. Gebe diesen

Handlungsplan an einen verlässlichen Partner (z. B. Ehemann, Kollege, spiritueller Mentor, Coach usw.) Bitte deinen verlässlichen Partner, einen Mit Zeugen mit dir zu suchen, für diese Handlungen mit dir zu beten und dich für ihre Umsetzung verantwortlich zu machen.

Handlung 1:

Handlung 2:

Handlung 3:

Handlung 4:

5.5. Nicht Bewegen

Bewegen (v): sich von etwas wegbewegen einem Punkt oder einem Ort die Position oder Haltung zu wechseln

Der fünfte Schlüssel zur Entfesselung der Kraft des Heiligen Geistes in deinem Unternehmen ist, sich nicht bewegen zu lassen. Das kann schwer sein. Wieso?

- Du hast geübt.
- Du hast den Geist zuvor befragt, ehe du die endgültige Entscheidung getroffen hast.

- Du hast eine starken Zeugen, entweder du selbst oder andere.
- Du hast dir vorgenommen, nicht den Geist auszulöschen.

Das ist der Zeitpunkt, an dem Satan im Angriffsmodus ist. Satan wird alles tun, was in seiner Macht steht, um dich mit Zweifeln, Unsicherheit und Angst zu erfüllen. Er wird alle Register ziehen und dich brutal angreifen, wenn

- alle Zahlen nicht zusammenpassen
- die meisten Stimmen gegen dich sind
- die Konkurrenz flieht, wenn du eintrittst.
- der Erfolg düster aussieht
- der gesunde Menschenverstand sagt es ist ein dummer Zug.
- Alle sagen: „Mach es nicht!"

Aber du hast den ultimativen unfairen Vorteil in dir leben. Jetzt hat der Heilige Geist im Inneren bereits bestätigt, dass diese Entscheidung der Wille Gottes für dein Geschäft ist. Du weißt, dass du weißt, das diese Entscheidung, von Gott ist.

Der schnellste, einfachste und effektivste Weg, die Macht des Heiligen Geistes in deinem Geschäft zu sehen (und in deinem Leben) ist es, die nachstehenden Anweisungen zu befolgen, die Maria ihrem Diener gab, gerade ehe Jesus das Wasser in Wein verwandelte.

> Seine Mutter spricht zu den Dienern: Was er euch sagt, das tut. (Johannes 2:5)

Mach es einfach – was immer er sagt!
Es gibt drei starke Arten, damit du dich nicht bewegst: bleibe fokussiert, widerspreche und bleibe standhaft.

1. Bleibe fokussiert

Meine Brüder und Schwestern, ich schätze mich selbst nicht so ein, dass ich's ergriffen habe. Eins aber sage ich: Ich vergesse, was dahinten ist, und strecke mich aus nach dem, was da vorne ist, und jage nach dem vorgesteckten Ziel, dem Siegespreis der himmlischen Berufung Gottes in Christus Jesus.

—Philipper 3:13–14

Viele Geschäftsleute haben das, was ich „die Eichhörnchen Krankheit" nenne. Wenn du ein typischer Unternehmer bist, ist dein Gehirn immer aktiv, denkend und träumend und schenkt den für den Erfolg erforderlichen Details wenig Aufmerksamkeit. Für dich geht es um die neue Idee, die neue Möglichkeit, der frische Ansatz, das große Potenzial und das Neuste und Beste von dem, was immer jetzt vor dir liegt.

Dich um sich zu haben, ist wie ein oben offener Topf mit Popcorn, ein ständiger Fluss von Handlungen, Ideen und Konzepten, die sich über den ganzen Arbeitsplatz verteilen und eine große Unordnung machen, wo immer du hingehst.

Als vom Geist geleiteter Firmenberater helfe ich oftmals anderen Führungskräften ihre Ziele zu verdeutlichen, ihre Stärken zu maximieren, während sie ihre Schwäche irrelevant machen (wie die Eichhörnchen Krankheit).

Von ihrer eigenen Natur aus wünschen sich diese wunderbaren, energischen und intelligenten Frauen und Männer verzweifelt, im Geschäft im Namen des Herrn erfolgreich sein zu wollen. Sie sind jedoch nicht von Natur aus so veranlagt, dass sie sich auf das Wesentliche konzentrieren, sodass es sowohl eine berufliche als auch eine geistige Herausforderung ist, sie zur Verantwortung zu ziehen und auf dem richtigen Weg zu halten.

Ich weiß, dass es eine Herausforderung für sie ist. Sie wissen, dass es eine Herausforderung für sie ist. Und der Feind weiß auch, das es eine Herausforderung ist.

Deshalb ist es jetzt so wichtig, sich nicht beirren zu lassen, denn du weißt, dass diese Entscheidung zum Handeln...

- vom Herrn durch die Bestätigung des Heiligen Geistes kommt.
- das ist, was der Heilige Geist will, das du tust.
- das ist, wie der Heilige Geist wünscht, weiterzumachen.

Obwohl die Herausforderung groß ist, kannst du fokussiert bleiben.

Und Noah tat alles, was ihm Gott gebot. (Gen. 6:22)

Wir wissen, das Noah 500 Jahre alt war, als er erstmals in der Bibel erwähnt wurde (Gen 5:32) und 600 Jahre alt, als er auf die Arche kam (Gen: 7:6) Der Bau dieser fließenden Stadt könnte die Familie also 100 Jahre oder mehr beschäftigt haben.

Stell dir vor ...

- 100 plus Jahre täglicher Beschimpfungen und Spott von der Gesellschaft, während du die Arbeit des Herrn ausführst.
- Nächte, Wochen, Monate und vielleicht jahrelanger Frust, Ermüdung und spirituelle Angriffe auf deinen Körper, Geist und Seele.
- Dutzende der ungläubigen Menschen versuchen unermüdlich, dich von deinen Aufgaben und Tätigkeiten abzulenken.
- Konzentration auf ein und nur ein Ziel seit über 100 Jahren.

Genau wie bei Noah gilt: Wenn du dich einmal entschieden hast, musst du dranbleiben. Ja, es ist machbar, und du kannst es schaffen.

2. Gebe Widerworte

> *Denn das Wort Gottes ist lebendig und kräftig und schärfer als jedes zweischneidige Schwert und dringt durch, bis es scheidet Seele und Geist, auch Mark und Bein, und ist ein Richter der Gedanken und Sinne des Herzens.*
>
> —Hebräer 4:12

Der Geist lenkt dich, um erfolgreich zu sein. Der Feind wünscht sich, das du scheiterst.

Eine der besten Wege, um die feurigen Pfeile des Feindes abzuwehren, ist ihm zu widersprechen. Kylie Winkler schreibt in *Silence Satan*,

> Ich glaube, dass das Wort Gottes, wenn es durch den Mund derer, die in Christus sind, gesprochen wird, die gleiche Kraft hat, als ob Gott es selbst gesprochen hätte. Die Worte müssen die Autorität Gottes haben, sonst könnten sie nichts bewirken. Es sind schließlich seine Worte, nicht unsere.

Winkler empfiehlt das es drei vorrangige Vorteile gibt, um das Wort Gottes direkt zum Feind zu sprechen. Erstens erneuert das Reden über die Schrift den Geist. Das gesprochene Wort ist stark und „dieselbe Kraft, die das Leben dem Universum gibt, wird dir neues Leben geben."

Zweitens schlägt es den Feind in die Flucht. Winkler schreibt „Der Vater der Lügen hat keine Kraft, wenn die Wahrheit des Vaters anwesend ist."

Drittens lässt es Satan verstummen, wenn man aus der Bibel zitiert. Es ruft ihm zu „Bleib zurück Teufel! Ich bin mit Gottes Weisheit bewaffnet."

(Ich ermutige dich Kyles fantastische, kostenlose App, Sei still Teufel herunterzuladen, die es im Apple und Android App Laden gibt).

3. Bleib standhaft

> *Und nun siehe, durch den Geist gebunden, fahre ich nach Jerusalem und weiß nicht, was mir dort begegnen wird, nur dass der Heilige Geist mir in allen Städten bezeugt, dass Fesseln und Bedrängnisse auf mich warten. Aber ich achte mein Leben nicht der Rede wert, wenn ich nur meinen Lauf vollende und das Amt ausrichte, das ich von dem Herrn Jesus empfangen habe, zu bezeugen das Evangelium von der Gnade Gottes. Und nun siehe, ich weiß, dass ihr mein Angesicht nicht mehr sehen werdet, ihr alle, zu denen ich hingekommen bin und das Reich gepredigt habe.*
>
> —Apostelgeschichte 20:22–25

Die Zukunft sieht trostlos aus. Paulus ging zurück nach Jerusalem für seinen Arrest, seine letzte Fahrt nach Rom und letztendlich seinem Tod. Viele von Paulus Kollegen warnten ihn, nicht nach Jerusalem zu fahren. Der Prophet Agabus hielt den Gürtel des Paulus und prophezeite,

> Und als er zu uns kam, nahm er den Gürtel des Paulus und band sich die Füße und Hände und sprach: Das sagt der Heilige Geist: Den Mann, dem dieser Gürtel gehört, werden die Juden in Jerusalem so binden und überantworten in die Hände der Heiden. (Apostelgeschichte 21:11)

Dennoch war Paulus unverdrossen. Es war klar, dass er tun musste, was der Herr ihm befohlen hatte. Und nichts, was jemand sagte oder tat, würde ihn von der Reise abhalten.

Er blieb standhaft bis zu seinem Tod.

Deine öffentliche Haltung zu Jesus in der Firma könnte Verfolgung bis zum Tod bringen. Selbst wenn das so ist, der Herr hat dich dazu aufgefordert. Es ist das, was du tun musst, ohne Fragen zu stellen.

Jetzt ist es Zeit, standhaft zu bleiben, in Frieden zu ruhen (Phil. 4:6-7) und zu wissen, dass deine Engelarmee dich beschützt (Heb. 1:14) das Wort ist in deinem Herz und in deinem Mund (1 Kor. 2:4-5) und der Sieg ist letztendlich der des Herrn (1 Johannes 5:4)

Wenn die Entscheidung...

- Klein ist – bleib standhaft!
- Groß ist – bleib standhaft!
- Risikoreich in den Augen der Welt ist – bleib standhaft!
- Ganz der deines persönlichen Zeugen ist – bleib standhaft

So wie Paulus.

Noch eine Sache

Wie ich bereits im Bereich 4.5 erwähnt habe „bewaffne dich", je früher du die ganze Rüstung von Gott anlegst, umso vorbereiteter wirst du für den letzten Feindangriff werden.

Ich ermahne dich, dich immer an diese eine Sache zu erinnern: Bleib standhaft, während du dir die ganze Rüstung von Gott anlegst (Eph. 6:10-20). Paulus erwähnte „standhaft" bleiben drei Mal in diesen Versen, sodass wir bereit sind zu blockieren und die Täuschungen zu zerstören, die der Feind uns entgegenwirft.

Während du standhaft bleibst, ganz in der Rüstung gekleidet, wirst du dich nicht bewegen!

Sich nicht bewegen Handlungsplan

Nimm dir Zeit, diesen Handlungsplan zu vervollständigen. Halte ihn griffbereit.

1. Bleibe fokussiert – Liste 3-5 Dinge, die dich einfach davon ablenken, die wichtigsten Geschäftsziele zu erreichen.

Ablenkung #1:

Ablenkung #2:

Ablenkung #3:

Ablenkung #4:

Ablenkung #5:

2. Gebe Widerworte – Schreibe jetzt 3-5 Bibelverse auf, die du im Gedächtnis behalten willst und widerspreche, um fokussiert zu bleiben. Zum Beispiel ist einer meiner Widerspruchverse 1 Korinther 2:16b der besagt „Wir aber haben den Geist Christi."

Vers #1:

Vers #2:

Vers #3:

Vers #4:

Vers #5:

3. Bleibe standhaft – Kreiere in deinen eigenen Worten, 3-5 persönliche „bleib standhaft" Aussagen, die du nennen und laut aussprechen kannst, wenn du sie brauchst. Zum Beispiel eine meiner *Bleib standhaft* Aussagen ist einfach, wie Paulus rief: „Ich werde mich nicht bewegen!" Eine weitere ist „Ich kann alles machen weil Christus mich stärkt!"

Aussage #1:

Aussage #2:

Aussage #3:

Aussage #4:

Aussage #5:

4. Eine weitere Sache noch

> *Deshalb ergreift die Waffenrüstung Gottes, damit ihr an dem bösen Tag Widerstand leisten und alles überwinden und das*

Feld behalten könnt. So steht nun fest, umgürtet an euren Lenden mit Wahrheit und angetan mit dem Panzer der Gerechtigkeit und beschuht an den Füßen, bereit für das Evangelium des Friedens. Vor allen Dingen aber ergreift den Schild des Glaubens, mit dem ihr auslöschen könnt alle feurigen Pfeile des Bösen, und nehmt den Helm des Heils und das Schwert des Geistes, welches ist das Wort Gottes.

— Epheser 6:13–17

Schreibe unten sechs Stücke der Rüstung von Gott auf. Nimm dir vor, es auf dem Weg zur Arbeit laut auszusprechen, sodass du ganz bewaffnet und bereit für die kommenden Geschäftskämpfe bist. Wenn du das tust, warnst du den Feind, dass er keinen Platz oder Macht über dein Geschäft hat.

Die ganze Rüstung

1.

2.

3.

4.

5.

6.

5.6 Mutige Gebete Beten

> *mutig (adj): keine Angst vor Gefahren oder schwierigen Situationen; sehr selbstbewusst auf eine Art und Weise, die unhöflich oder töricht erscheinen mag; zeigt oder erfordert einen furchtlosen Wagemut*

Der sechste Schlüssel, um die Macht des Heiligen Geistes in deinem Geschäft zu entfesseln, ist mutige Gebete beten.

Joshua hatte einen Kampf nach dem anderen gewonnen, wehrte jede Armee ab, die Gott ihm befahl zu bekämpfen. Ein Mal befahl Gott ihm die ganze Nacht zu laufen und einen Kampf gegen die fünf Könige vorzubereiten, die sich zusammengeschlossen hatten. Aber am Ende des Tages war der Kampf nicht vorbei. Also versuchte Joshua verzweifelt, den Kampf mit einem ganzen Sieg zu beenden und betete.

> Damals redete Josua mit dem HERRN an dem Tage, da der HERR die Amoriter vor den Israeliten dahingab, und er sprach in Gegenwart Israels: Sonne, steh still zu Gibeon, und Mond, im Tal Ajalon! Da stand die Sonne still und der Mond blieb stehen, bis sich das Volk an seinen Feinden gerächt hatte. Ist dies nicht geschrieben im Buch des Redlichen? So blieb die Sonne stehen mitten am Himmel und beeilte sich nicht unterzugehen fast einen ganzen Tag. (Jos. 10:12-13)

Joshuas Armee verteidigte ihre Feinde durch Gottes Antwort auf die mächtigen Gebete des Mutes.

Über die Jahre war es immer einfacher für mich, mutige Gebete zu beten für meine Frau, meinen Sohn, meine Familie, Freunde, den Pastor und die Kirche. Aber es war unangenehm, das für meine Firma zu tun.

Ich habe immer für meine Firma gebetet. Es ist leicht für mehr Verträge, besser zahlende Kunden, die Umkehrung eines eigenwilligen Mitarbeiters oder sogar dafür zu beten, dass Gott hilft, eine lächerliche Klage gegen mich und das Unternehmen abzuweisen. Und wer hat nicht schon mal gebetet, um sich aus einem großen Durcheinander zu befreien, das wir geschaffen haben (wahrscheinlich weil wir nicht von Anfang an spirituell geführt wurden).

Ich mindere die Wichtigkeit des einfachen, grundlegenden Gebetes für unser Unternehmen. Der Herr hört die Gebete aller seiner Kinder.

Zu was ich dich ermahne, ist deine Gebete in einen höheren Gang zu schalten, einer der beginnt die übernatürliche Gunst von Gott in deiner Firma zu lösen.

> Und nun, Herr, sieh an ihr Drohen und gib deinen Knechten, mit allem Freimut zu reden dein Wort. Strecke deine Hand aus zur Heilung und lass Zeichen und Wunder geschehen durch den Namen deines heiligen Knechtes Jesus. Und als sie gebetet hatten, erbebte die Stätte, wo sie versammelt waren; und sie wurden alle vom Heiligen Geist erfüllt und redeten das Wort Gottes mit Freimut. (Apostelgeschichte 4:29-31)

Die ersten Apostel, die mit schweren Prüfungen, Schlägen und sogar dem Tod konfrontiert waren, hätten ohne Weiteres sichere, bescheidene „Hilf uns, diese Situation zu überstehen"-Gebete sprechen und sich dann in aller Ruhe ihrer Arbeit widmen können. *Wir wollen sicher nicht beleidigen, aufregen oder Unruhe stiften.*

Sie hätten den sicheren, einfacheren Weg nehmen können, aber sie haben einen anderen Weg gewählt. Sie haben gewählt, ihre Gebete in einen höheren, mehr geistesgefüllten Gang zu schieben.

Sie haben mutig gewählt, vor den Thron zu gehen und um mehr zu bitten!

Mehr Macht. Mehr Anzeichen und Wunder. Mehr MUT!

Ihr Haus war zerrüttet. Ihr Vertrauen war erschüttert. Ihr Glauben gesunken.

Und sogar heute sehen wir noch die Ergebnisse dieser mutigen Gebete: das übernatürliche Wachstum und der ewige Einfluss der Kirche weltweit!

Vor kurzem habe ich begonnen, über sichere, normale und erwartete Gebete hinauszugehen und eine höhere Ebene tiefer, dynamischer und mutiger Gebete für mein Unternehmen zu erreichen. Das ist ein großer Unterschied.

Wie hört sich diese Veränderung an? Hier sind drei Beispiele.

> **Sicher:** „Gott, helfe mir, diesen Monat Geld zu verdienen."
> **Mutig:** „„Gott, lass deine dienenden Engel mir die 100.000 Dollar bringen, von denen du weißt, dass ich sie brauche, um die Gehaltsabrechnung zu bezahlen und um sie in Jesu Namen wieder in diese Firma zu säen, damit sie weiter wächst!"
>
> **Sicher:** „Gott, zeig uns, wie wir unsere Verkäufe um 20% dieses Jahr erhöhen können.
> **Mutig:** „Gott, segne mich in der Tat mit einer zweifachen (oder fünffachen oder zehnfachen) Steigerung unseres Geschäfts in Jesu Namen!"
>
> **Sicher:** „Gott, hilf meinem Angestellten Tony seine Ehe zu retten."
> **Mutig:** „Gott, ich danke Dir, dass Du auf übernatürliche Weise in die Herzen von Tony und seiner Frau eingedrungen bist, um ihre Ehe im Namen Jesu kraftvoll und dauerhaft zu heilen!"

Jetzt geh zurück und lese die mutigen Gebete und dann frag dich selbst:

- Welche Gebete würdest du lieber für dein Unternehmen beten?
- Welche Gebete sollen deine Angestellten für ihr Geschäft beten?
- Welche Gebete glaubst du, dass Gott eher geneigt ist, sie zu erhören?

Hier sind drei Dinge, die du tun musst, um mutigere Gebete zu beten: *bitten, glauben und erwarten.*

1: Bitte

Und Jabez rief den Gott Israels an und sprach: Ach dass du mich segnetest und mein Gebiet mehrtest und deine Hand mit mir wäre und schafftest, dass mich kein Übel bekümmere! Und Gott ließ kommen, worum er bat.

—1 Chronik 4:10

Segen. Gebiet. Macht. Schutz.

Das sind die vier Bereiche der gerechten Männer, um die Jabez Gott gebeten hat. Für zu viele Menschen erscheint das Gebet egoistisch. Für 2%ler (Geistesgesteuerte Geschäftsmänner) sollte das ein Model für unsere mutigen Geschäftsgebete werden.

In dem Bestseller Buch , *The Prayer of Jabez*, schreibt Bruce Wilkinson,

> Wenn du deine Firma auf Gottes Art und Weise führst, ist es nicht nur richtig, um mehr zu bitten, sondern er wartet auch darauf, dass du darum bittest. Deine Firma ist der Bereich, den Gott dir anvertraut hat. Er möchte, dass du es als eine bedeutende Gelegenheit annimmst, das Leben des Einzelnen, die Geschäftswelt und die Welt im

Allgemeinen zu seiner Ehre zu berühren. Ihn zu bitten, diese Gelegenheit zu vergrößern, bringt ihm nur Freude. ¹

Stell dir vor – Gott wartet auf dich, damit du ihn um mehr bittest! Hast du je darauf gewartet, dass dein Kind dich fragt, in den Park zu gehen, ihm zu zeigen, wie man einen Fußball stößt, ein Fahrrad fährt oder ein Motorrad oder Auto fährt oder sogar wie man seiner wunderschönen Freundin einen Antrag macht?

Oftmals ist unsere innere Antwort „Endlich!" Es war dein Wunsch, ihnen zu geben, was sie möchten, dennoch weißt du, das es das beste ist zu warten, bis sie fragen.

Das ist genau das, was Gott macht. Wie Dr. Wilkonson sagt „Deine Firma ist das Territorium, das Gott dir anvertraut hat." Es ist einfach nur richtig, dass er bereit und gewillt ist, deine Mühe auf große Art zu segnen.

Gott wartet darauf, dass du fragst und etwas Großes fragst. Sei mutig!

2: Erwarten

Und Gott ließ kommen, worum er bat.

—1 Chronik 4:10b

Hast du das verstanden? Wie hat Gott Jabez Anfrage beantwortet? Ich habe diesen Vers jahrelang übersprungen. Jetzt erinnere ich mich oft selbst daran, dass das Gottes Antwort auf gerechte, mutige Gebete des Wachstums über mich und das Unternehmen ist.

Als 2%ler neigen wir dazu, uns auf den übermütigen Mut von Jabez zu konzentrieren – wir fragen Gott direkt nach mehr Geschäften, nach einem größeren Territorium, einer stärkeren Absicherung – aber verpassen die Bedeutung von Gottes Antwort.

Gott gab Jabez, was er gefordert hatte! In meinen eigenen Worten antwortete Gott „Klar ... hier ist deine Steigerung. Ich bin froh, dass du mich endlich gefragt hast!"

Jesus und James haben uns dasselbe gelehrt:

> Bittet, so wird euch gegeben; suchet, so werdet ihr finden; klopfet an, so wird euch aufgetan. Denn wer da bittet, der empfängt; und wer da sucht, der findet; und wer da anklopft, dem wird aufgetan. (Matthäus 7:7-8)

> ...ihr habt nichts, weil ihr nicht bittet... (Jakobus 4:2b)

Ich werde mehr davon in zukünftigen Büchern und Videomaterial lehren. Für jetzt müsst ihr nur verstehen, dass Jabez als ein ehrenhafter, gerechter Mann beschrieben wird. Das qualifizierte ihn für die übernatürliche Zunahme und Gunst Gottes.

Als 2%ler hast du die Gerechtigkeit von Christus geerbt (1 Kor. 1:30) In Gottes Augen bist du genauso gerecht wie Jabez. Daher kannst du übernatürliche Ergebnisse für dein Geschäft als Antwort auf deine mutigen Gebete erwarten.

Es reicht nicht aus, einfach zu fragen. Du musst es auch erwarten!

3: Glauben

> *Habe deine Lust am HERRN; der wird dir geben, was dein Herz wünscht. Befiehl dem HERRN deine Wege und hoffe auf ihn, er wird's wohlmachen...*
>
> —Psalm 37:4–5

Du musst mutig genug sein, um zu fragen.

Du musst mutig genug sein, zu erwarten, worum du bittest.

Letztendlich musst du auch mutig genug sein um zu glauben, dass deine Gebete es wert sind, beantwortet zu werden.

Es ist Zeit für alle 2%ler – jeden von uns – zu glauben, es ist unsere Zeit, unseren Markplatz für Jesus zu verwandeln.

Es ist Zeit, unsere Grenzen zu erhöhen!

Es ist Zeit, um übernatürliches Wachstum zu bezeugen!

Es ist Zeit, unsere Gebete auf ein viel höheres Level der Mutigkeit zu heben.

> Jesus aber sah sie an und sprach zu ihnen: Bei den Menschen ist's unmöglich; aber bei Gott sind alle Dinge möglich. (Matt. 19:26)

Es ist Zeit.

Eine Vorsichtsmaßnahme

> *Das einzige Mal, dass meine Gebete nie beantwortet werden, ist auf dem Golfplatz.*
>
> —Billy Graham

Ich genieße es sehr zu spielen. Genauso wie der Evangelist Billy Graham. Aus Spaß lasst uns meinen Golffreunden weltweit mit diesem mutigen Golfgebet helfen:

> Herr, möge jeder meiner Abschläge auf dem Fairway landen, jeder meiner ersten Putts in der Tasse landen und jeder meiner verunglückten Schläge auf übernatürliche Weise auf dem Wasser gehen, so wie Jesus! Amen!

Bete mutige Gebete Handlungsplan

Schreibe die drei Bereiche unten auf, in denen du den Heiligen Geist spürst, der dich drängt, mutig für deine Firma zu beten. Notiere, was dein sicheres Gebet sein könnte. Nachdem du Zeit mit dem Heiligen Geist verbracht hast, schreibe auf, was er möchte, dass du betest.

Fokus #1: _____

Sicher:

Mutig:

Fokus #2: _____

Sicher:

Mutig:

Fokus #3: _____

Sicher:

Mutig:

UNSER UNFAIRER VORTEIL

Dieser Arbeitsbereich ist NUR für meine Golfer Freunde!

Golf Fokus: _____

Sicher:

Mutig:

Gruppen Diskussion

Teile deine „Übung" Entscheidung. Was hast du gelernt? Wo kannst du noch die kommende Woche üben?

Teile deine „Überprüfe bevor du handelst" Entscheidung. Was hast du gelernt?

Bespreche deinen „Suche einen Zeugen" Handlungsplan. Was waren deine Herausforderungen? Wie haben die anderen reagiert? Was hat dich bei der Suche eines Zeugen überrascht oder erfreut?

Teile eine kürzliche Geschäftssituation, in der du vielleicht den Heiligen Geist entfesselt hast. Hast du es zu der Zeit erkannt? Woher willst du das in Zukunft wissen?

Bespreche einen deiner „Beweg dich nicht" Handlungspläne. Warum ist das so schwer für Geschäftsleute?

Was sind 2-3 mutige Gebete, die du jetzt für deine Firma hast? Was hast du gefühlt, als du gebetet hast? Was für Hemmungen hast du gehabt, als du gebetet hast und wie kannst du das überwinden?

[1] Dr. Bruce H. Wilkinson, *The Prayer of Jabez: Breaking Through to the Blessed Life* (Sisters, OR: Multnomah Publishers, 2000), 31–32.

6

Mache Weiter

Lasst uns aber Gutes tun und nicht müde werden; denn zu seiner Zeit werden wir auch ernten, wenn wir nicht nachlassen.

—Galater 6:9

UM ETWAS EINFACHES ZU BEGINNEN. MACHE weiter …. das ist der schwere Teil.
Dieses Kapitel bietet fünf Bereiche, die dir helfen deinen Schwung beizubehalten und deinen unfairen Vorteil im Geschäft zu entfesseln.

6.1. Denke An Die Vorteile

Vorteile (n) ein gutes oder hilfreiches Ergebnis oder Wirkung: ein Akt der Freundlichkeit etwas das das Wohlsein unterstützt

Vor ein paar Jahren wurde bei mir in der rechten Schulter „Tendinose mit Arthrose des Akromioklavikulargelenks und kleinem Gelenkerguss" diagnostiziert. Der Punkt: meine rechte Schulter tat unheimlich weh! Der Schmerz war so groß, dass ich nicht mal nach hinten greifen konnte, um mein Taschentuch aus meiner Hintertasche zu holen. Nachts, wenn ich versuchte zu schlafen, fühlte es sich an, als würde sich ein Dorn in meinen rechten Oberarm boren. Ich konnte meinen rechten Arm nicht über meine Schulter heben.

Als der Orthopädische Chirurg der weltbekannten Andrews Klinik in Gulf Breeze, Florida mich anwies, Reha und eine Übungsroutine auszuführen, war es sehr einfach für ihn, mich von den Vorteilen zu überzeugen. Ich war eine laufende Schmerzbombe, also war alles besser als mein ständiges Leiden.

Ich schaffte es durch zwei Wochen leichter Physiotherapie und begann dann eine aggressive Muskel aufbauende Trainingsroutine zu Hause, unter der Beobachtung eines ehemaligen Fußballcoaches und einem engen Freund John Saxon. Ich sah schnelle und dramatische Verbesserung, gewann Stärke im Oberkörper und senkte den Schmerz bedeutend.

Sobald ich mir eine morgendliche Routine von fünf Tagen Training pro Woche angewöhnt hatte, waren die Vorteile offensichtlich. Zum ersten Mal in meinem Leben konnte ich die „Beulen" (Muskeln) sehen, die sich an meinem Bizeps und Trizeps bildeten. Ich war schon immer ein dünner Typ, ich war jetzt über 60 Jahre alt und hatte ein wenig an echten Muskeln gewonnen.

Erinnerst du dich an die Vorteile des Trainings? Ganz einfach. Schau dir meine Aufzeichnungen meiner wöchentlichen Ziele und Bewertungen der beschleunigten Übungen an. Das Notizbuch ist gefüllt mit den Vorteilen meiner Übungen. Außerdem fühle ich mich jetzt stärker, energischer, mehr selbstbewusster. Indem ich mich daran erinnerte und die offensichtlichen Vorteile des Trainings spürte, machte ich weiter und wuchs.

Dasselbe gilt für die Auslösung des unfairen Wettbewerbsvorteils.

MACHE WEITER

Es ist leicht zu vergessen

Unsre Väter in Ägypten wollten deine Wunder nicht verstehen. Sie gedachten nicht an deine große Güte und waren ungehorsam am Meer, am Schilfmeer.

—Psalm 106:7

Es ist viel zu einfach, sich an all die schlimmen Dinge zu erinnern, die in deiner Firma geschehen, als sich an die guten Dinge zu erinnern. Dein tägliches Geschäftsleben kann voller Routinen, Ritualen und nicht enden wollenden Herausforderungen sowie Frustrationen geprägt sein, die dich dazu zwingen, dich auf die Probleme von heute zu konzentrieren.

Wir neigen eher dazu uns an unser Scheitern und die Schwierigkeiten zu erinnern, als an die Siege und die Triumphe. Hast du dich schon mal gefragt, wer diese natürlichen Misserfolge zu unserem Gedenken mitbringt? Nicht der Heilige Geist .... Das ist sicher!

Unser Nummer eins Geschäftsfeind ist Satan, der Prinz der Welt (Eph. 2:2), der gerne tötet, stiehlt und alles Gute zerstört (Johannes 10:10) selbst in deiner Firma. Er zielt besonders auf übernatürliche, befähigte geisteserfüllte Profis wie dich. Es ist kein Wunder, das wir so einfach die gesegneten Zeiten vergessen, wenn der Heilige Geist sich in und durch unsere Firma bewegt.

Ich kämpfe damit genauso wie du. Ich habe gelernt, dass es konzentrierte Bemühungen braucht, damit ich aufhöre zu reflektieren und mich an die vielen göttlichen, guten und heiligen Wege erinnere, in denen der Herr mich in der Firma durch den Heiligen Geist gelenkt hat.

Schreibe schnell auf, wie es war, als du einmal gespürt hast, wie der Heilige Geist dein Geschäft oder deine Karriere beeinflusst hat.

Vor 10 Jahren?

Vor 5 Jahren?

Letztes Jahr?

Dieses Jahr?

Letzte Woche?

Gestern?

Das ist schwerer auszuführen, als es sein sollte. Warum? Wir erinnern uns oft eher an die Schwierigkeiten als an die Siege. Obwohl der Heilige Geist uns einen gesunden Verstand gegeben hat (2 Tim. 1:7) ist es viel zu einfach zu vergessen, wie oft der Herr uns – durch seinen Geist- geführt, geschützt und uns auf unserer Arbeit belohnt hat.

Hier ist ein einfacher, aber dennoch starker Weg, um deinen neuen, vom Geist geleiteten Schwung aufrechtzuerhalten.

Deine Top Ten Vorteile Liste

> *Aber dies habe ich zu euch geredet, damit, wenn ihre Stunde kommen wird, ihr daran denkt, dass ich's euch gesagt habe. Zu Anfang aber habe ich es euch nicht gesagt, denn ich war bei euch.*
>
> —Johannes 16:4

MACHE WEITER

Nehme dir eine 10-Minütige Pause und bitte den Heiligen Geist, dir zu helfen 10 Vorteile aufzulisten, wie du ihn in deiner Firma entfesselst.

Deine Liste wird wahrscheinlich anders als die von anderen aussehen. Der Heilige Geist wird zu dir über deine einzigartige Rolle in deiner einzigartigen Firma in deiner einzigartigen Umgebung mit deinen einzigartigen Gaben und Talenten sprechen. Das enthält alles von Bibelversen, ermutigenden Worten, Aktionen, messbaren Erträgen und so vieles mehr.

Die Top Ten Vorteile des Entfesselns des Heiligen Geist in meiner Firma enthalten ...

1.

2.

3.

4.

5.

6.

7.

8.

9.

10.

Gut gemacht. Jetzt musst du dich an diese Liste erinnern.

Eine 30 Tage Vorteile Herausforderung

> *Darum gedenke ich an die Taten des HERRN, ja, ich gedenke an deine früheren Wunder...*
>
> —Psalm 77:12

Behalte die Liste für die nächsten 30 Tage bereit. Beziehe dich zwei Mal täglich darauf.

Mache eine Erinnerungsliste auf deinem Handy. Schreibe jede Sache auf einen Notizblock. Hänge die Karte irgendwo hin, wo du sie oft sehen kannst.

Indem du diese Liste liest und meditierst, erinnerst du dich und motivierst dich, die Macht des Heiligen Geistes noch schneller für maximale Wirkung auf dein Unternehmen freizusetzen. Warum? Weil er das bereits für dich in der Vergangenheit gemacht hast.

Die Macht der Vorteile

> *Sondern gedenke an den HERRN, deinen Gott; denn er ist's, der dir Kräfte gibt, Reichtum zu gewinnen, auf dass er hielte seinen Bund, den er deinen Vätern geschworen hat, so wie es heute ist.*
>
> —Deuteronomium 8:18

Der Herr gibt dir die Macht in deiner Firma zu florieren. Deine Vorteilsliste wird als eine ständige Erinnerung daran dienen, das sein Geist in dir arbeitet und deine Feinde bekämpft und Berge versetzt. Es wird dich daran erinnern, dass Gott all den Ruhm verdient.

6.2. MACHE EINE AUFZEICHNUNG

> *...habe auch ich's für gut gehalten, nachdem ich alles von Anfang an sorgfältig erkundet habe, es für dich, hochgeehrter Theophilus, in guter Ordnung aufzuschreiben, auf dass du den sicheren Grund der Lehre erfährst, in der du unterrichtet bist.*
>
> —Lukas 1:3-4

Im vorherigen Bereich „Denke an die Vorteile", hast du zurückgeschaut, um dich daran zu erinnern, dass der Heilige Geist sich auf deine Firma in der Vergangenheit ausgewirkt hat.

„Behalte ein Verzeichnis" ist zukunftsfokussiert. So habe ich begonnen, Aufzeichnungen der Vorteile des Entfesselns des Heiligen Geistes in meiner Firma aufzuschreiben.

Mein Drei-Jahreszeiten-System

Mein Aufzeichnungssytem enthält drei 5"x8" liniertes Lederpapierjournal: ein Firmenjournal, ein spirituelles Journal und ein Versnotizen Journal.

Mein braunes Firmenjournal enthält einen offenen Bereich für allgemeine Geschäftsaufzeichnungen sowie auch Bereiche für meine Kunden, Bücher und Blogideen sowie Aufzeichnungen über die Auswirkungen auf das Geschäft.

Mein schwarzes Journal ist mein persönliches spirituelles Wachstumsjournal, in dem ich täglich meine Einblicke vom Heiligen Geist, den Bibelstudien und Predigtnotizen aus der Kirche notiere.

In meinem dritten Journal, das auch schwarz ist, stehen nur Notizen aus dem Hören von Predigt Podcasts des großartigen Bibellehrers und Pastors, den ich bewundere und von dem ich lerne. Diese Notizen bieten mir eine aktuelle Liste von den Dingen, die der Heilige Geist mich durch die Predigten von anderen lehrt.

Für mich funktionieren beide Systeme. Während ich arbeite, habe ich mein braunes Journal immer zur Hand. Wenn ich die Gottesdienste besuche, nehme ich mein persönliches spirituelles Journal mit. Wenn ich Podcast höre oder Predigten im Fernsehen oder im Internet sehe, mache ich mir Notizen in dem Predigten Journal.

Wöchentlich überprüfe ich diese Journals, unterstreiche in Gelb die wichtigsten Erkenntnisse, die prophetischen Worte, Einblicke, Ideen und alles, wozu mich der Heilige Geist drängt, mich zu erinnern.

Einer meiner Lieblingsmomente ist es, wenn ich diese Journals hervorhole und einfach die gelben Markierungen lese. Für mich ist es die wahre Kraft meines Systems. Es ist eine ordentliche Aufzeichnung, davon wie der Heilige Geist mich in vielen Bereichen meines Lebens führt. Es hilft mir auch, mich an die Vorteile zu erinnern und mit dieser Reise fortzufahren.

Letztendlich helfen mir all diese Tagebücher und Notizen dabei, mich zu aufzubauen und zu ermutigen, damit der Heilige Geist durch meine Arbeit mehr Wirkung entfaltet.

Die Predigtnotizen passen oftmals in ein Geschäftskonzept, die der Herr mich teilen lässt.

Die Offenbarungen, die ich aus meinen Gebetszeiten und Andachten ziehe, versetzen meinen Geist in eine höhere Ebene der Verbundenheit und Erkenntnis.

Das Geschäftsjournal hilft mir, meinen Geist mit seinem Geist in Einklang zu bringen, dorthin, wohin er mich führen möchte.

Dieses drei Journal System ist vielleicht nichts für dich, aber für mich funktioniert es.

Hier ist eine tolle Idee

Warum fragst du den Heiligen Geist nicht, welches Aufzeichnungssystem für dich das beste ist? (Punkt #1: Übung!) Er weiß es bereits!

Was immer es ist, fang einfach an. Mit der Zeit wirst du ein System verfeinern, das für dich funktioniert, eins, das nachhaltig ist und das dich ermutigt, auf Kurs zu bleiben.

Das ist der Punkt. Fang an und hör nicht auf!

Während du das tust, schau zurück und schaue, wie oft der Heilige Geist dein Unternehmen, deinen Menschen, deinen Kunden und mehr beeinflusst hat.

Dann mache weiter und weiter und weiter und …

6.3. Nicht Alle Geistlichen Dinge Sind Von Gott

> *Denn solche sind falsche Apostel, betrügerische Arbeiter und verstellen sich als Apostel Christi. Und das ist auch kein Wunder; denn er selbst, der Satan, verstellt sich als Engel des Lichts.*
>
> —2 Korinther 11:13–14

Der Heilige Geist bringt mich dazu, diese Vorsichtsnote hinzuzufügen: Nicht alles spirituelle ist von Gott.

Unser Feind ist der Vater aller Lügen und es liegt keine Wahrheit in ihm (Johannes 8:44-45). Wenn du dich dazu verpflichtest, die Macht des Heiligen Geistes in der Firma zu entfesseln, wird Satan alles tun, was er kann, um dich aufzuhalten, dich davon abzuhalten, zu entmutigen und dich sogar zu zerstören.

Hier sind drei Arten den Feind in Schacht zu halten.

1. Lerne die Wahrheit

In Amerika bringt man Finanzprofis bei, wie man eine falsche Rechnung entdeckt, NICHT, in dem man die Bilder anschaut, sondern indem man sich ausgiebig mit ECHTEN Geldscheinen beschäftigt. Warum nur echte Scheine? Wenn sie eine Abweichung sehen von dem, was sie als Wahrheit kennen (echter Schein), dann können sie sofort den falschen (Fälschung) erkennen und die Täuschung ist vorbei.

Lerne das Wort Gottes. Je mehr du seine Wahrheit kennst, umso einfacher wird es sein, die Lügen und Täuschungen der Feinde in deiner Firma zu erkennen.

2. Fokussiere dich nicht nur auf das Übernatürliche

Es ist leicht für uns aufgeregt zu sein, wenn wir übernatürliche Kräfte von Gott auf der Arbeit, in der Firma oder in unserem Leben sehen. Tatsächlich bewegt sich der Heilige Geist oftmals auf übernatürliche Arten. Dennoch warne ich dich, dich nicht nur auf übernatürliche Anzeichen des Heiligen Geistes auf der Arbeit zu konzentrieren.

Kann der Heilige Geist sich auf übernatürliche Arten auf deiner Arbeit zeigen? Anzeichen und Wunder? Heilungen? Übernatürliche finanzielle Gefallen? Natürlich kann er das.

Aber nach meiner Erfahrung in der Wirtschaft arbeitet der Heilige Geist oftmals auf eher unterschwellige spirituelle Art auf der Arbeit. Ein gutmütiger Mensch zum Beispiel bedeutet weniger individuelle Spannungen, bessere Teamarbeit, mehr Anstand und Liebe und Freundlichkeit, glücklichere Angestellte und sogar mehr lächelnde Gesichter im Büro.

Es ist leicht, wenn man von der Macht des Heiligen Geistes erfährt, nur nach dem Übernatürlichen (z. B. eine körperliche Heilung, spirituelle Erlösung von Feindlichen Gegner usw.) zu suchen.

Wie ein Pastor eins sagte, „Verpasse nicht die spirituelle Suche nach dem Übernatürlichen. „Halte deine Augen, Ohren und dein Herz offen für alle unterschwelligen Bewegungen des Heiligen Geistes, den die treten öfter auf, als wir es uns bewusst sind."

3. Passt es?

Bemühe dich darum, dich vor Gott zu erweisen als ein angesehener und untadeliger Arbeiter, der das Wort der Wahrheit recht vertritt.

—2 Timotheus 2:15

Überprüfe jede spirituelle Angelegenheit, die du auf deinem Arbeitsplatz aufkommen fühlst, gegen das Wort Gottes und dem Zeugnis des Heiligen Geistes.

Wenn das, was du siehst und fühlst, mit dem Wort zusammen passt und du einen Zeugen hast, ist es der Heilige Geist auf der Arbeit.

Wenn das, was du siehst und spürst, nicht mit dem Wort übereinstimmt und du keinen Zeugen hast, ist es vom Fleisch oder vom Feind.

Wenn du dein geistliches Gespür für die Wege und das Wirken des Heiligen Geistes an deinem Arbeitsplatz schärfst, wirst du schnell lernen, seine Wege von den Wegen des Feindes zu unterscheiden.

6.4. BLEIBE AUF DEM LAUFENDEN

Wer weise ist, der höre zu und wachse an Weisheit, und wer verständig ist, der lasse sich raten…

—Sprüche 1:5

Hier ist meine unverfrorene Ermutigung für dich mit einem geistesgeführten Geschäftsberater, Mentor oder einer Bündnisgruppe zu arbeiten.

Jede dieser drei würde gut sein.

Mit allen drei zu arbeiten wäre phänomenal!

Eine traurige Sache, die ich über die vielen Jahre meines vom Geist gelenkten Geschäfts gelernt habe, ist das sehr sehr wenige Geschäftsführer für ein Coaching offen sind. Sie sind zu stolz, zu „beschäftigt" oder haben zu viel Angst davor, verantwortlich gemacht zu werden.

Diejenigen jedoch, die erfahrene, vom Geist geleitete Unternehmensberater mit einem bescheidenen, gelehrigen Geist suchen, entwickeln sich und ihre Unternehmen viel schneller weiter als diejenigen, die nicht offen für die Zusammenarbeit mit Beratern sind.

Seit Jahrzehnten habe ich auch unter vielen geistesgeführten Professionellen, Coaches, Mentoren und Verantwortungsgruppen gestanden. Sie haben immer ermahnt, ermutigt und mich in einen mutigen, prophetischen und einen einflussreichen Botschafter für Christus auf der Arbeit verwandelt.

Ich führe aus, was ich predige.

Ich bete, dass du das auch tun willst.

Meine 3-stufige Coaching-Rechenschaftsformel

Und er sprach: Wer Ohren hat zu hören, der höre!

—Markus 4:9

Ich möchte dir eine meiner stärksten und einfachsten Coaching Formeln zeigen, etwas das, so einfach ist, das viele Profis darüber staunen.

MACHE WEITER

Diejenigen, die sich dieses 3-Schritte-Modell zu eigen machen, haben jedoch in nur 90 Tagen verändernde Geschäftsergebnisse erzielt.

Nachdem wir ihre speziellen Ziele bestimmt haben, die wir für die 90 Tage erreichen wollen, fordere ich diese Unternehmer heraus, diese drei Fragen zu beantworten.

- Was must du ANFANGEN, um das Ziel zu erreichen?
- Womit musst du AUFHÖREN, um deine Ziele zu erreichen?
- Was musst du WEITER MACHEN, um deine Ziele zu erreichen?

Anfangen.
Aufhören.
Weitermachen.

Dann verwandelt sich meine beratende Rolle in die eines verantwortlichen Partners, der die Fortschritte überprüft, Anpassungen vornimmt und sie dabei unterstützt, ihre Ziele bis zum Abschluss zu verfolgen.

Versuche es mal selbst.

Unten kannst du 2-3 Dinge aufschreiben, die du brauchst, um *anzufangen, aufzuhören oder weiterzumachen,* um deinen unfairen Wettbewerbsvorteil auf der Arbeit zu entfesseln.

Womit muss ich ANFANGEN?

1.

2.

3.

Womit muss ich AUFHÖREN?

1.

2.

3.

Was muss ich WEITERMACHEN?

1.

2.

3.

Teile deine Liste mit einem weiteren 2%ler. Bitte die Person, ihre eigene Liste zu erstellen. Dann arbeitet zusammen als Verantwortungspartner, die ermutigen, anpassen, Fragen stellen, Erfolge feiern und vieles mehr.

Suche einen Berater auf Honorarbasis, den du für seine oder ihre geistesgeführten professionellen Beratungsdienste bezahlst. Wenn du dein Geld in einen Berater steckst, dann wirst du wahrscheinlich eher deinen Verpflichtungen und ihrem Ratschlag folgen.

6.5. Es Geht Vor Allem Um Den Einfluss

Darum gehet hin und lehret alle Völker:[1] Taufet sie auf den Namen des Vaters und des Sohnes und des Heiligen Geistes und lehret sie halten alles, was ich euch befohlen habe. Und siehe, ich bin bei euch alle Tage bis an der Welt Ende.

—Matthäus 28:19–20

Am Ende geht es darum, die Völker für Jesus gewinnen. Unsere Arbeit auf der Erde wird daran gemessen wie gut wir diesen gefallenen Planeten mit dem Evangelium beeinflussen.

> Und als er mit ihnen beim Mahl war, befahl er ihnen, Jerusalem nicht zu verlassen, sondern zu warten auf die Verheißung des Vaters, die ihr – so sprach er – von mir gehört habt; denn Johannes hat mit Wasser getauft, ihr aber sollt mit dem Heiligen Geist getauft werden nicht lange nach diesen Tagen. (Apostelgeschichte 1,4-5)

Du und ich haben dieses Versprechen in uns leben. Es ist auch ein Versprechen, das du jetzt besser auf deinem Arbeitsplatz entfesseln kannst für den ultimativen Einfluss, den wir uns alle wünschen, das ist folgendes ...

> Da sprach sein Herr zu ihm: Recht so, du guter und treuer Knecht, du bist über wenigem treu gewesen, ich will dich über viel setzen; geh hinein zu deines Herrn Freude! (Matt. 25:21)

Ich bete, dass dieses Buch dir hilft, einen weiteren Schritt in Richtung deines ewigen Einflusses zu machen, in dem du die Macht des Heiligen Geistes in deiner Firma entfesselst.

Gruppen Diskussion

Teile deine Liste der „Top Ten Vorteile", warum du die Macht des Heiligen Geistes in deiner Firma entfesseln solltest. Welche Vorteile von anderen Gruppenmitgliedern sind für dich hilfreich?

Was ist dein aktueller Plan, um „Aufzeichnungen zu machen"? Wie kann diese Gruppe dich dafür verantwortlich machen, es zu nutzen?

Teile deine „Anfangen, Aufhören, Weitermachen" Liste. Teile deine Liste mit einem Partner und erstelle einen 30-tägigen Zeitplan/System der Rechenschaftspflicht.

Wie kann ein Firmen oder spiritueller Coach deinen Weg mit dem Heiligen Geist verbessern?

Wie kannst du alles, was du gelernt hast auf deinem neuen spirituellen und professionellen Weg weiterhin anwenden?

DIE ANTWORT AUF 1001 FRAGEN

Die Antwort auf 1001 Fragen lautet ... lass dich führen!
—Pastor Keith Moore

SCHLÜSSELVERSE

HIER SIND DIE SCHLÜSSELVERSE DIE DU LESEN UND an die du dich erinnern solltest; Sie helfen dir, deinen unfairen Wettbewerbsvorteil in der Firma zu entfesseln. Bewahre es gut auf. Veranker diese Worte in deinem Herzen.

Denn welche der Geist Gottes treibt, die sind Gottes Kinder.

—Römer 8:14

Der Geist selbst gibt Zeugnis unserm Geist, dass wir Gottes Kinder sind.

—Römer 8:16

Und ich will den Vater bitten und er wird euch einen andern Tröster geben, dass er bei euch sei in Ewigkeit: den Geist der Wahrheit, den die Welt nicht empfangen kann, denn sie sieht ihn nicht und kennt ihn nicht. Ihr kennt ihn, denn er bleibt bei euch und wird in euch sein.

—Johannes 14:16–17

UNSER UNFAIRER VORTEIL

Wenn aber jener kommt, der Geist der Wahrheit, wird er euch in aller Wahrheit leiten. Denn er wird nicht aus sich selber reden; sondern was er hören wird, das wird er reden, und was zukünftig ist, wird er euch verkündigen.

—Johannes 16:13

Nur meinen Knecht Kaleb, weil ein anderer Geist in ihm ist und er mir treu nachgefolgt ist, den will ich in das Land bringen, in das er gekommen ist, und seine Nachkommen sollen es einnehmen,

—4. Mose 14:24

Verlass dich auf den HERRN von ganzem Herzen, und verlass dich nicht auf deinen Verstand, sondern gedenke an ihn in allen deinen Wegen, so wird er dich recht führen.

—Sprüche 3:5–6

Seid allezeit fröhlich, betet ohne Unterlass, seid dankbar in allen Dingen; denn das ist der Wille Gottes in Christus Jesus für euch. Den Geist löscht nicht aus.

—1 Thessalonicher 5:16–19

Aber ich achte mein Leben nicht der Rede wert, wenn ich nur meinen Lauf vollende und das Amt ausrichte, das ich von dem Herrn Jesus empfangen habe, zu bezeugen das Evangelium von der Gnade Gottes.

—Apostelgeschichte 20:24

SCHLÜSSELVERSE

Habt nicht lieb die Welt noch was in der Welt ist. Wenn jemand die Welt lieb hat, in dem ist nicht die Liebe des Vaters. Denn alles, was in der Welt ist, des Fleisches Lust und der Augen Lust und hoffärtiges Leben, ist nicht vom Vater, sondern von der Welt.

—1 Johannes 2:15–16

Dem macht der Türhüter auf, und die Schafe hören seine Stimme; und er ruft seine Schafe mit Namen und führt sie hinaus. Wenn er alle seine Schafe hinausgelassen hat, geht er vor ihnen her, und die Schafe folgen ihm nach; denn sie kennen seine Stimme.

—Johannes 10:3–4

Sondern wir reden, wie geschrieben steht: »Was kein Auge gesehen hat und kein Ohr gehört hat und in keines Menschen Herz gekommen ist, was Gott bereitet hat denen, die ihn lieben.« Uns aber hat es Gott offenbart durch den Geist; denn der Geist erforscht alle Dinge, auch die Tiefen Gottes.

—1 Korinther 2:9–11

Wir aber haben nicht empfangen den Geist der Welt, sondern den Geist aus Gott, damit wir wissen, was uns von Gott geschenkt ist.

—1 Korinther 2:12

Und stellt euch nicht dieser Welt gleich, sondern ändert euch durch Erneuerung eures Sinnes, auf dass ihr prüfen könnt, was Gottes Wille ist, nämlich das Gute und Wohlgefällige und Vollkommene.

—Römer 12:2

UNSER UNFAIRER VORTEIL

Alles, was ihr tut, das tut von Herzen als dem Herrn und nicht den Menschen, denn ihr wisst, dass ihr von dem Herrn als Lohn das Erbe empfangen werdet. Dient dem Herrn Christus!

—Kolosser 3:23–24

Denn es gefällt dem Heiligen Geist und uns, euch weiter keine Last aufzuerlegen als nur diese notwendigen Dinge:

—Apostelgeschichte 15:28

Bittet, so wird euch gegeben; suchet, so werdet ihr finden; klopfet an, so wird euch aufgetan.

—Matthäus 7:7

Und betrübt nicht den Heiligen Geist Gottes, mit dem ihr versiegelt seid für den Tag der Erlösung.

—Epheser 4:30

Seine Mutter spricht zu den Dienern: Was er euch sagt, das tut.

—Johannes 2:5

Und Jabez rief den Gott Israels an und sprach: Ach dass du mich segnetest und mein Gebiet mehrtest und deine Hand mit mir wäre und schafftest, dass mich kein Übel bekümmere! Und Gott ließ kommen, worum er bat.

—1 Chronik 4:10

SCHLÜSSELVERSE

Lasst uns aber Gutes tun und nicht müde werden; denn zu seiner Zeit werden wir auch ernten, wenn wir nicht nachlassen.

—Galater 6:9

Eine Einladung

JETZT NACHDEM DU DEINE **UNSER UNFAIRER VORTEIL** reise hinter dir hast sollte eine Wahrheit jetzt in deinem Herzen sein, das ist die Güte Gottes – wie sehr er sich um die Einzelheiten deines Lebens sorgt und sein Wunsch das alles, was du in die Hand nimmst, sich radikal verbessert. Egal welchen Berg des Einflusses er dich angewiesen hat zu besteigen. Er möchte mit dir sein als Beschützer, Führer, Lehrer, Freund und Vater. Warum? Weil er dich liebt und einen wunderbaren Plan für dein Leben hat.

Was ist also die Einladung? Ich will dich einladen zu einer persönlichen Beziehung mit Jesus, vielleicht findest du dich jetzt hier und liest das und hast noch keine Beziehung zu Jesus. Du weißt von Gott, aber du hast noch nie seine Liebe für dich gefühlt oder kennst seinen Plan für dein Leben.

Alles was Gott zu bieten hat, ist durch die Beziehung mit Jesus verfügbar. Wir wissen das aus der Bibel aus Johannes 3:16: „Gott hat die Welt so geliebt, dass er seinen einzigen gezeugten Sohn gegeben hat, wer immer an ihn glaubt, sollte nicht sterben, sondern ein lang andauerndes Leben haben."

Gottes Plan für dich ist es, ein üppiges Leben zu erfahren. Jesus hat den Plan gemacht, als er seinen Jüngern sagte: „Ich bin gekommen, damit sie das Leben haben und es in Fülle haben." (Johannes 10,10).

Du denkst vielleicht: „Aber ich merke überhaupt nichts, was nach einem üppigen Leben aussieht …. Zumindest nicht im Inneren." Das ist, weil „alle (von uns) gesündigt haben und die Herrlichkeit Gottes verfehlt haben." (Römer. 3:23). Wir sind für eine Beziehung mit Gott gemacht, du kennst sein Leben und Liebe, aber unsere Vergebung, Bitterkeit, Aufstand oder Desinteresse ist es, was Gott Sünde nennt und was uns von ihm trennt, wie es uns auch von anderen Menschen in unserem Leben trennt.

Die Bibel sagt, unsere Sünden verdienen die Todesstrafe, aber die gute Nachricht ist, dass Jesus die Strafe für uns gezahlt hat – für dich! „Gott aber erweist seine Liebe zu uns darin, dass Christus für uns gestorben ist, als wir noch Sünder waren." (Römer 5:8). Die Bibel besagt, dass Jesus am römischen Kreuz gestorben ist, in einem Grab vergraben wurde und dann drei Tage später wieder auferstanden ist. Als er das tat, hat er nicht nur für unsere Sünden bezahlt, sondern auch seinen Tod verteidigt. Deswegen konnte er seinen Jüngern sagen „ Jesus spricht zu ihm: Ich bin der Weg und die Wahrheit und das Leben; niemand kommt zum Vater denn durch mich." (Johannes 14:6)

Mehr als alles andere, genauso wie ein guter Vater es genießt, seinen Kindern nah zu sein, sehnt sich dein himmlischer Vater nach einer intimen Beziehung mit dir. Wenn du noch nie die Liebe Gottes erfahren hast, dann kannst du sie jetzt erleben. Wenn du an Jesus Christus glaubst, dass er gestorben ist und wieder auferstanden ist, nachdem er dich von deinen Sünden befreit hat, wirst du gerettet. Tatsächlich sagte Jesus, dass du wieder geboren werden wirst, was heißt, du wirst in eine neue Familie als Kind Gottes geboren. Johannes 1:12 sagt: Wie viele ihn aber aufnahmen, denen gab er Macht, Gottes Kinder zu werden, denen, die an seinen Namen glauben."

Wenn du gerne das Leben Jesus im Inneren empfangen willst und als Kind Gottes „wieder geboren" werden willst, ist es einfach. Gott weiß, wo du stehst und er ist nicht so besorgt über deine Worte, wie er es um dein Herz ist. Du kannst ihn jederzeit mit deinen eigenen Worten rufen und er hört dich.

Wenn du Hilfe brauchst, hier ist ein einfaches Gebet, das dich leiten wird.

> Jesus, ich brauche dich. Ich glaube, du bist am Kreuz für meine Sünden gestorben. Ich habe mein Herz geöffnet und dich als meinen Retter und Herr

EINE EINLADUNG

empfangen. Danke, dass du mir meine Sünden vergibst und mir ein ewiges Leben schenkst. Ich übergebe dir die Kontrolle über mein Leben. Komm und setz dich auf den Thron meines Herzens und tu, was du mit meinen Leben machen willst. Mach mich zu der Art Person, die du haben willst.

Wenn du an Jesus Christus glaubst und ihn einlädst, dein Retter und Herr zu sein, dann bist du in eine neue und aufregende Beziehung mit Gott getreten. Wir wollen uns mit dir freuen. Bitte schreibe uns unter hello@DrJimHarris.com, damit wir uns mit dir in deinem neuen Leben freuen können.

—**Ben Watts**, Pastor und apostolischer Lehrer.

ÜBER DR. JIM HARRIS

DR. JIM IST LEHRER, FERNSEHMODERATOR UND EIN geistesgeführter berater für Firmen, Regierung und Dienstleiter weltweit.

Ehe ich *unseren unfairen Vorteil* geschrieben habe, beriet Dr. Jim viele gut geführte Firmen weltweit inklusive Walmart, IVM, Best Buy, State Farm (US und Kanada), Johnson & Johnson, Ford Motors, Outakumpa Oy (Finnland), Natures Way Foods (England) und viele andere.

Heute ist Dr. Jim Moderator von *Der unfaire Vorteil die Show*, wo du durch Fallstudien, Interviews und tiefgründigen Lehren lernst, wie du die ganze Macht des Heiligen Geistes in deiner Firma entfesseln kannst. Schaue oder höre dir die Show bei JCCEOS.TV an, auf seinen Media Kanälen oder auf jeder großen Podcast Plattform.

Dr. Jims Leidenschaft ist es Geschäftsführern beizubringen, wie sie die Offenbarungen des Königreichs in ihre Unternehmen integrieren können, um ihr Geschäft um das 30-, 60- und sogar 100-fache zu steigern und damit die Endzeiternte von Seelen für Jesus zu finanzieren.

Kontaktiere und folge Dr. Jim.

- E-Mail: Hello@DrJimHarris.com
- Web: www.DrJimHarris.com
- LinkedIn: www.linkedin.com/in/drjimharris
- YouTube: @drjimharris
- Twitter/X: @drjimharris
- Facebook: @drjimharris
- Instagram: @drjimharris

Um grössere mengen von den *Unser unfairer Vorteil* Bücher zu erhalten, dann kontaktieren Sie High Bridge Books über www.HighBridgeBooks.com/contact.

www.ingramcontent.com/pod-product-compliance
Lightning Source LLC
Chambersburg PA
CBHW022107090426
42743CB00008B/753